世界がわかる資源の話

京都大学名誉教授
鎌田浩毅

What You Need to Know About Resources.

大和書房

はじめに

最先端で最重要！
本当にタメになる資源の話を始めよう

「資源」が私たちの生活に欠かせないものであることは誰もが知っています。エネルギーや有用な元素を供給してくれる鉱産資源は、46億年に及ぶ地球の歴史のなかで培《つちか》われてきました。すなわち、太陽系の第三惑星として成立するうえでの地球固有の特殊な環境の中で、貴重な資源の数々が誕生したのです。

国土が狭く険しいうえに山地の多い日本列島は、世界でも有数の地殻変動地帯にあります。そのためヨーロッパやアメリカをはじめとした大陸地域とはまったく異なる環境にあります。このことは、地下資源の誕生と胚胎についても大きく影響し、我が国のエネルギーと環境の諸問題は常にこうした制約下に置かれています。

さて、地下資源が私たちの生活に不可欠であるにもかかわらず、その地球科学的な知識を備えている人は多くありません。それはなぜでしょうか？

考えてみるうち、3つの理由が私の頭に浮かびました。

1番目は、そもそもテーマとして大きすぎて、自分に身近なことと思えないから。2番目は、それゆえに「知ったところでその知識を生活でどう活用すればよいかわからない」から、です。

3番目の理由は、資源に関する学校教育にあります。実は、ここ20年ほどのあいだ、高校生の大半は地学についてほとんど学んでいません。高校の理科教科である「地学」を履修した生徒は、全国でわずか5パーセントくらいしかいないのです。

つまり、我が国の９割以上の若者がエネルギーや地球環境について持つ知識は、中学生レベルにとどまっている、という非常に困った状況なのです。しかも残念ながら、こうした事実はまったくといってよいほど認識されていません。

ですが、主要な地下資源のほとんどを海外からの輸入に頼り、かつ地震国・火山国の日本に暮らすうえで、地学のリテラシーがないのはとても危険な状態ではないかと私は思います。地球に関する乏しい知識で、エネルギーや地球環境にかかわる重要な判断を下さざるを得ないからです。

ところで、もし「石油があと〇年で枯渇する」と言われたら、国民生活に関わるきわめて重要な資源問題であることはすぐ理解できます。だからといって、個人に何ができるかというと、ちょっと思いつきません。その点が、政治や経済や社会問題と違って「判断が難しい」ポイントであるように思います。資源に関しては投票や投資や善悪といった具体的な判断に結び付く手がかりのようなものが、なかなかイメージしづらいのです。

さらに地球温暖化にいかに対処するか、エネルギー源をどう確保するか、電源のバランスをどうするか、食料自給にまつわる資源問題など、為政者のみならず市民レベルの判断が必要な場合が少なくないのに、日本では徒手空拳《としゅくうけん》で考えなければならない状況に陥っています。

しかし昨今、資源や環境の世界規模のトピックスがたびたび世間を賑わせていることもまた事実です。電気代の高騰、石油不足、世界的な半導体不足、ロシアのウクライナ侵攻と天然ガスの関係、レアメタルの争奪戦、SDGsにエコテロリスト……。現在進行中の世界を正しく理解するため、もっと資源についてくわしく知りたいというニーズがいつになく高まっているのは本当でしょう。

ちなみに、私は京都大学で24年間、地球科学の研究と教育に携わってきました。また京大に着任する前に18年間勤務していた通産省（現：経済産業省）地質調査所（現在の独立行政法人・産業技術総合研究所）では、火山学や地球変動学を始めとする地球科学の基礎研究に従事していました。

実は、この地質調査所という組織は、世界各国において国策で設置されている地球科学と資源政策の国立研究所です。日本では明治時代に創設され、その主要な目的は黎明《れいめい》期の殖産興業を支える鉱産資源の探査と安定確保でした。と言うのは、国家の繁栄は資源とエネルギーの調達力にあると言っても過言ではないからです。

私は1979年に東京大学理学部地学科を卒業して地質調査所に入り、先人たちの残した研究成果を引き継ぎつつ、地熱を含むエネルギー資源について研究を続けてきました。1997年に京都大学へ移籍してからは、日本を揺るがす地震や噴火の大事件が次々と起きました。中でも2011年3月11日に起きた東日本大震災から、日本列島では地震や噴火が頻発する1000年ぶりの「大地変動の時代」が始まっています。

地球科学の観点からは、東日本大震災を引き起こした地殻変動はまだ終わっていないのです。むしろ日本列島は地震と火山噴火の活動期に入り、今後さまざまな激甚災害が予想されています。さらに現在世界的に問題となっている地球温暖化が、火山の大噴火によって地球寒冷化に置き換わる可能性も出ています。

すなわち、現在の日本ではエネルギーと環境の問題に対しても、「大地変動の時代」という新しい状況に即して対応しなければなりません。SDGs（持続可能な開発目標）の各項目についても、日本列島の現況に合わせなければ成果を上げることは不可能です。こうした時代の資源問題を理解するため必要なものが、地球内部と日本列島に関する正確な基礎知識なのです。

よって本書では、エネルギーと環境の問題の根底にある自然現象について、地球科学の観点からわかりやすく解説しました。とくに、多忙な毎日を送っているビジネスパーソンや学生・院生、さらに行政機関やマスメディアにおいて、正確で最新の情報を切望している人々に向けて、最も重要な最先端の事実に絞って取り上げました。

本書は全部で４章から成りますが、各章を構成する項目の左ページには本文を、右ページには図版で要点をまとめてあります。ここでは資源の知識紹介にとどまらず、現代社会で進行中の課題まで踏み込んで記述しました。

テーマの導入部は極力「私たちの生活」レベルから始め、資源の重要性を身近に知っていただきます。また１テーマごとに見開きで構成し、読みやすさを重視しました。該当項目で得られた知識が社会でどのように影響を及ぼすかについても極力、記したつもりです。これによって、資源の問いに対する答えであるとともに、本書自体が「新たな問い」を生み出すことをもくろみました。

現在、我が国にはエネルギーと環境に関する喫緊《きつきん》の問題が山積しています。本書によって地球科学の基本的なリテラシーを獲得し、日本がいま置かれている事態をきちんと理解し、的確で有効な対処法を見つけていただきたいと願っています。

加えて、私自身が地質調査所時代と京都大学教授時代に得た自然と科学に関する視座についても本書で披露したいと思います。本を手に取った読者が、知識と思想の両面から資源について学んでいただければ幸いです。

鎌田《かまた》 浩毅《ひろき》

目次

第1章

水・森林　生命をつかさどる原初の資源

第2章

エネルギー資源 文明の発展をつかさどる資源

第3章

鉱物資源　最先端のテックを左右する資源

第4章

資源の未来

環境保護の取り組みと私たちがすべきこと

第1章

水、森林

生命をつかさどる
原初の資源

01、水は
どこから来たのか

数千年ものあいだ降り続けた雨

あらゆる生命に不可欠な資源といえば水です。水の誕生は、約46億年前に太陽系ができたころに遡《さかのぼ》ります。直径1～10kmほどの微惑星《びわくせい》が高速で衝突を繰り返し、原始地球（最初の地球）が生まれました。微惑星の衝突の際に、運動エネルギーが熱エネルギーに転換されて、原始地球の地表は2000℃以上の高温になりました。それによりクレーター（衝突によって生まれる穴）内の岩石が溶けて地表を覆い、高温マグマの海、すなわちマグマオーシャンが原始地球を覆いました。

それから6億年ほど経つと地球が冷え、マグマオーシャンも消滅しました。地表の温度が約500℃まで下がると、水蒸気が集まって雲になり、大量の雨となって数千年のあいだ地表に降り注ぎました。**この雨により地表の温度はさらに下がり、水がたまって「原始海洋」と言われる海洋になりました**。これこそが水の始まりです。

原始海洋は現在の海と違って硫酸などが溶け込んでおり、温度も100～200℃と非常に高温でした。一方で、このころできた海水の量は現在の地球に残されている水とほとんど変わらないというから驚きです。

雨が降る中で、大量の水蒸気が大気から取り去られ、代わりに大量の二酸化炭素が大気を覆うようになります。この二酸化炭素は時間をかけて海水に取り込まれ、地球環境は大きく変化しました。こうして生まれた海の大量の水は地球の自転による温度変化を小さくし、約38億年前の生命誕生のきっかけにもなったのです。

知っているようで知らない水の話

◎海は雨からできた

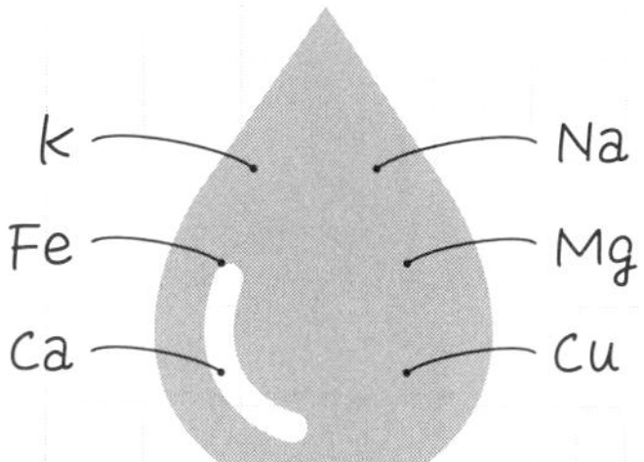

地上で熱せられた水は水蒸気となって上昇していき、地球を包み込むほどのぶ厚い雲になった。そして、地球に初めての雨が降り注いだ。それが長期にわたって降り続け、岩石に閉じ込められていたさまざまな有機質を溶かし出していった。生命の源となる多くの物質を含んだ海は、雨からできているのだ。

◎水とさまざまな要素が組み合わされ、生命が誕生

さまざまな物質が岩石から溶け出し、海へと集まっていった。そのなかに、生命の源がたくさん詰まっていた。そこに環境的な外部要因が加わることで、生命が誕生。潮の干満、地殻の熱エネルギー、空中放電の電気エネルギー……このうちどれか1つを欠いても、生命は誕生しなかっただろう。生命はまさに奇跡の産物なのだ。

人間と水の関係

私たち人間を例にとると、新生児であれば体重の80%が、成人であれば55～60%が水分でできている。飲んだ水は腸から吸収され、血液などの「体液」となる。体液は全身を循環し、酸素などの栄養分を細胞に届けてくれる。それだけでなく、たまった老廃物を尿として排泄する役目もある。そのほか、汗も重要な役目だ。夏場などで体温が上がると、汗を出すことで放熱し、体温を一定に保ってくれる。

02.

ここまで残酷な「水格差」

日本人の贅沢すぎる水消費

地球上にはおよそ13.86億 km^3 もの水が存在します。もし均等に地球の表面を覆ったとして、2.75km もの高さになるほどの量です。ただし、その97％は海水です。もう２％は凍った状態で北極や南極にあり、残りの水もほぼ地下にあります。そのため、**人間が使える水は地球上の水のうちわずか0.01％（約13.5万 km^3）しかありません。**

そのような状況のなか、日本を含む先進国が大量に水を消費することによって損害を受けている立場の人が多数います。「グローバル・サウス」と呼ばれる地域の人々です。

痛ましい事故も起こっています。2019年、資源三大メジャー企業のひとつであるヴァーレ社が、ブラジルのブルマジーニョ尾鉱ダムの決壊事故を起こしました。これにより、大量の土石流が町を襲い、河川はひどく汚染されてしまいました。コストカット優先のずさんな堤防設計によって、悲劇が起こったと言われています。その結果、ヴァーレ社の支払った賠償金は約7300億円におよび、汚染された川は完全に死んでしまいました。水道水は使えなくなり、農業にも漁業にも致命的な打撃を与えました。

今も世界には、水を満足に手に入れられない人々が約10億人います。**彼らが１日に消費する水の量は５ℓ、私たち日本人が使っている水の量は300ℓです。**SDGs（持続可能な開発目標）は世界全体という空間的な「長尺の目」で考えなければならないのです。

「水の惑星」のリアル

地球上の水の割合

地球上の水の量　約13.86億km³

※南極大陸の地下水は含まれていない

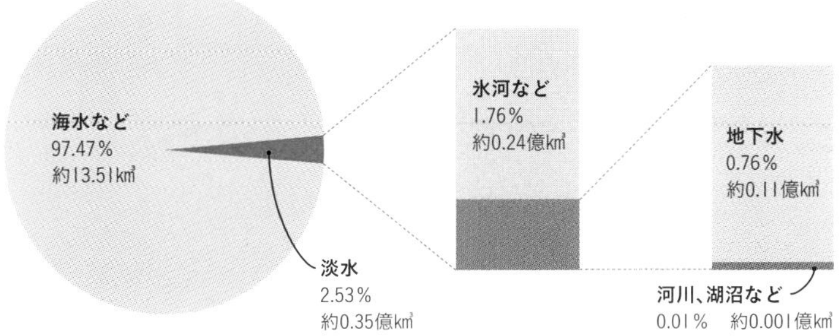

グラフで見ると、私たちに残されている水の割合がいかに少ないか直感的に理解できる。今後は温暖化により、水資源にさらなる悪影響が生じると予測される地域もある。IPCC（気候変動に関する政府間パネル）第4次評価報告書によれば、21世紀半ばまでに、カリブ海や太平洋等の多くの小島嶼において、少雨期の需要が満たせないほど、淡水資源が減少すると予測されている。

出典：環境省「図で見る環境白書」（https://www.env.go.jp/policy/hakusyo/zu/h22/html/hj10010401.html）

清潔な水を利用できない国TOP10（2018年）

順位	国名	基本的レベル以上の水アクセスがある（%）
1	エリトリア	19
2	パプアニューギニア	37
3	ウガンダ	38
4	エチオピア	39
5	コンゴ民主共和国	39
6	ソマリア	40
7	アンゴラ	41
8	チャド	43
9	ニジェール	46
10	モザンビーク	47

自宅や近所から安全な水にアクセスできる人口の割合は、徐々にアップしている。2000年は81％だったが、2018年には89％までアップした。ただし、いまだ8億4,400万人の人々が、満足な水アクセスを果たせていない。清潔な水を利用できない国の第１位は、アフリカ大陸北東部の共産主義国家・エリトリア。独裁政権であること、難民の通り道になっていることなどが、水アクセスを困難にしている。人口の19％しか自宅近くで清潔な水を利用することができていない。

03、

日本の地下水が狙われている!?

なぜ、外国資本が日本の森林を買うのか

現在、全世界で使われる水のうち2/3は農業用水です。とくにアメリカ、中国、インドは穀物の大量生産地であることから、大量の地下水を必要としていますが、不足しがちな状況が続いています。**とくに深刻なのは中国です。農業用水に加えて、人口増加や経済発展といった要因もあり、全国699都市のうち400以上が水不足といわれています**。また、2030年には人口が15億人に達すると予測されるインドも、水不足解消は喫緊の問題です。

そんな中、日本の森林所持者が危機感を持ち始めています。2010年に北海道で行われた森林の売買状況の調査結果によると、道内の私有林７か所、計406ヘクタール（１ヘクタール＝100m ×100m。野球グラウンドぐらいの大きさ）が海外の企業によって買われていたというのです。買収者の内訳は中国の企業が３件、イギリスの企業が１件で、残りは個人でした。

日本では、外国籍でも森林を買収でき、自由に開発することが許されています。農水省によると、2010年は43件・831ヘクタールだったのが2020年には465件・7560ヘクタールと、10年で９倍の山林が買収されています。これを受け、各自治体も新しい条例を作ろうとするなどルール設定に取り組んでいます。地下水は私たちの目につきにくく、意識しづらい資源ではありますが、とても貴重です。それだけに、こうした動きも注目しておくべきでしょう。

地下水に価値がある理由

地下水とは何か

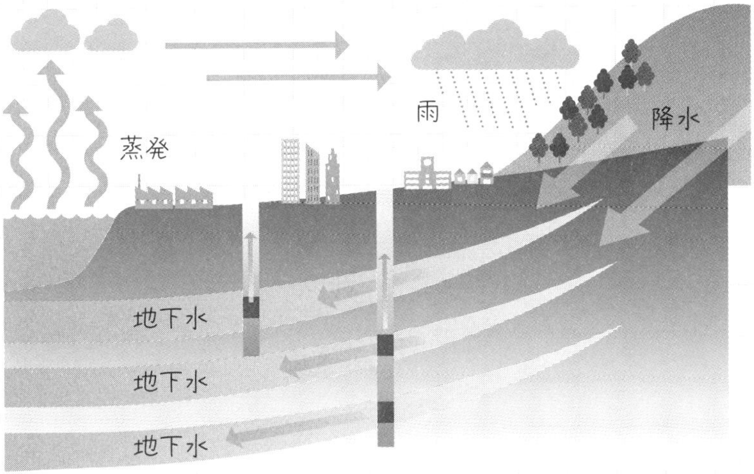

地下水は、雨や雪などが地下に浸透してできる（海水由来のものもある）。地下水は１か所にとどまっているのではなく、蒸発、降水、浸透、流出という循環をなしており、地中をゆっくりと流れて移動している。井戸から汲むことのできる地下水は「帯水層」と呼ばれ、階層によって３つに分類されている。なお、河川や池、湖などは、地下水が地表に流出したもの。下記のメリットもあり、地下水の保全は急務だ。日本では、農業用水だけでなく半導体生産にも欠かせない資源であるとされ、熊本県が地下水の保全強化に取り組んでいる。

３つのメリット

安定した水温

地下水は、外気温の影響を受けにくいため、季節を通じて水温が安定している。そのため、冷却や加熱といった処理にかかるコストを減らすことができ、工業用水に適している。

良質で均一な水質

地下の土壌は天然のフィルターとして、浸透の過程で水の不純物を取り除いてくれる。そのため、河川における上流と下流とは違い、どこでも良質で均一な水質が保たれる。

持続的な取水量

河川の場合、環境や天候による影響を受けやすい。しかし地下水の場合、そのような要因を受けにくいため、安定して取水することができる。

04、

水資源が豊かな日本で、ウォーターサーバーが売れる不思議

水道水に満足できなくなった日本人

日本の水道施設は老朽化が進んでおり、水道管の破裂事故は年間1000件を超えています。加えて人口の減少に伴う水道代の値上がりは避けられず、このままでは「高くてマズい」水道水が当たり前になってしまうかもしれません。

事実、内閣府の「水循環に関する世論調査」(令和２年度)によると、**水道水を飲み水として利用している人は日本人の43.9%に留まりました**。33.9%がミネラルウォーターを、28.0%の人は浄水器を設置して水を飲んでいます。日本人はすでに水道水では満足できなくなっているのです。しかし、ミネラルウォーターのペットボトルは重く、定期的に買い出しに行くのは一苦労です。宅配に頼ろうにも、送料の問題が出てくることは目に見えています。実際、すでに「天然水に限り特別配送料をいただきます」といった通販業者も出てきています。

そのような状況に目をつけたのか、2022年９月、家電量販店のビックカメラグループが本格的にウォーターサーバー事業を始めました。家電の運搬に手慣れたビックカメラは重いものを搬送する技術やルートを確保しており、この技術を転用すれば水の定期的な発送もできるというわけです。このように、水という不変の資源からも新たな付加価値を生み出せるのが、人間の知恵でもあり危機の萌芽でもあるのかもしれません。飲料水の確保は古くて新しい永遠の課題で、常に新しい発想が必要です。

ウォーターサーバー事業の背景

◎上水道事業は深刻な問題を抱えている

水道事業における職員数の推移

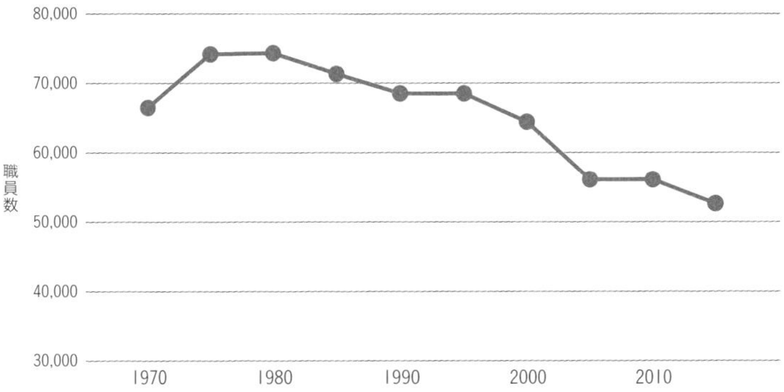

水道はもっとも重要なインフラだけに厳格な信頼性が求められるが、近年ではさまざまな問題を抱えている。人口減少、財政ひっ迫のほか、深刻なのが水道施設の老朽化だ。50年以上前に整備された水道施設も多く、担当職員の減少（30年で30％減）とあいまって対応も進んでいない。そのようないくつかの背景の中で、ウォーターサーバーが台頭してきた。

出典：厚生労働省「最近の水道行政の動向について」
(https://www.mhlw.go.jp/file/06-Seisakujouhou-10900000-Kenkoukyoku/0000203972.pdf)

ウォーターサーバー事業の現在地

日本ではまだあまり普及していない。リサーチ会社マイボイスコムのアンケートによれば、家庭用ウォーターサーバーの利用経験者は全体の１割強、現在の利用者は約５％と、海外と比較しても圧倒的に低い水準にある。

一方で、「日本宅配水＆サーバー協会」は2008年の時点で成長率は133.8％、2021年の推定成長率は103.9％と発表している。

実際、顧客数も右肩上がりだ。2007年は67万台だったが、2011年にはその約４倍の249万台となり、2021年は460万台を超えた。2021年の増加要因として同協会は、「コロナウイルス感染防止の影響により在宅勤務や外出自粛などが社会現象となり、宅配商品が一般化、備蓄やストックも社会的に認知増加した」としている。

05、

世界では「水紛争」が起きている

水汚染が引き起こす問題は、地球環境だけではない

P.16のとおり、地球上の水のうち人類が使えるのはたった0.01％しかありません。しかし、人口増加に伴い水需要は今後も増えていきます。2050年には年間3800km^3の水が必要だと予測されていますが、これは地球上の全淡水量に匹敵するのです。しかし現状はかんばしくありません。工場の産業排水、家庭から出る生活排水、気候変動による水質汚染などが進み、安全な水はすでに不足しています。水汚染は生態系に深刻な影響を与えるほか、不衛生な水を飲むことによる健康被害も引き起こします。WHO のデータによると、世界ではすでに約20億人が汚染された水を飲んでいるとされています。

こうした中、不足した水をめぐって世界中で紛争が起こっています。2000年から2019年までの20年間で、水をめぐる紛争は676件も起きました。**とくに中東は水不足が深刻な地域ということもあり、水紛争がたびたび起こってきました**。中でもナイル川の利水に関する協定は、植民地時代のパワーバランスをもとに設計されています。そのため上流国と下流国の間に不公平さをもたらし、紛争の大きな要因となっているのです。**解決策としては、エアコンや洗濯機など電化製品から出る排水の再利用が挙げられます**。とくにエアコンの排水は比較的清潔であるため、この排水を再利用することは現実的な解決策といえるでしょう。人体でも動脈と静脈が両方機能していることが重要なように、水問題も供給だけでなく排出を考えなければなりません。

水紛争の背景

◎世界の水紛争

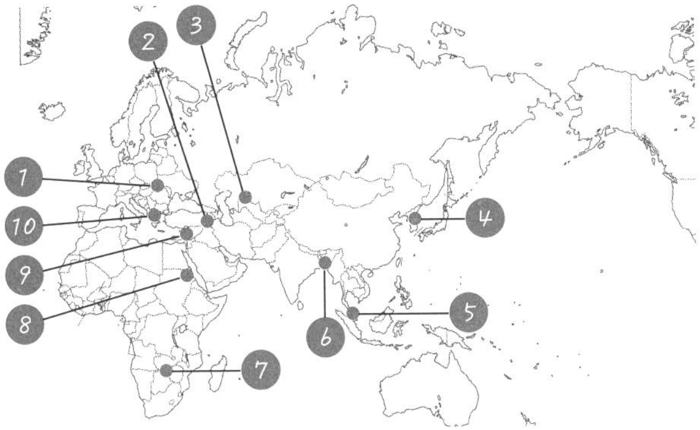

出典：https://www.mlit.go.jp/mizukokudo/mizsei/mizukokudo_mizsei_tk2_000021.html

代表的な水紛争の例。日本のような島国ではあまりイメージが湧かないが、1本の河川の水を複数の国家が利用しているケースが世界には多々あり、それが紛争の原因となっている。以下は、その代表的なもの。

1 ドナウ川

スロバキア・ハンガリー運河の水利用のため、ダム建設を共同で進めるも決裂。

2 チグリス・ユーフラテス川

水不足が深刻なトルコ・シリア・イラクによる紛争。

3 アラル海（アムダリヤ川・シルダリア川）

カザフスタン共和国・ウズベキスタンほかによる水配分をめぐる紛争。

4 イムジン川

北朝鮮が予告なしに大量の水をダムから放流。韓国内で死者を出す大洪水に。

5 マレーシア・シンガポール

マレーシアから供給される水の価格をめぐる争い。

6 ガンジス川

インド・バングラデシュ間において、水配分と乾季における増水について協議。

7 ザンビア

内戦下で水供給が停止された。

8 ナイル川

エジプト・スーダン・エチオピア間において、ダム建設と水配分をめぐる争い。

9 ヨルダン川

イスラエル・ヨルダン・レバノンほか、水の配分をめぐる紛争。とりわけ深刻なのはガザ地区。

10 ボスニア

ボスニアにおいて、戦争による水供給の停止。

06、
雨水や海水って飲めないの？

飲料水を作る技術は、ここまで進化していた

雨水や海水は、科学技術によって飲料水に変えることが可能です。長崎県五島市にある赤島では、雨水を採取し、29項目に及ぶ水質検査をした結果、pH（ペーハー：水素イオン濃度・液体が酸性かアルカリ性かを測る指標）に微差があったものの、ほぼ飲料水と変わらないことが判明したのです。ただし、降り始め約30分までの雨は空気中の汚れを含んでいるため、除去する必要はあります。このような工程を経て、赤島では雨水が生活水として利用されています。

次に海水を飲む方法です。海水を淡水にする方法は２種類です。**海水を加熱して純粋な水蒸気を取り出す方法と、「逆浸透法」と呼ばれる新しい方法です**。後者については、まず浸透圧について知る必要があります。淡水と塩水を容器に入れ半透膜（右図参照）で仕切ると、塩の濃度を同じにするため淡水が膜の向こうへ移動します。このとき、互いの水の高さの差に応じて圧力が生まれます。これが浸透圧です。

逆浸透法はその逆の手法です。塩水側に強制的に圧力をかけることで、半透膜から淡水が自然に押し出されることを利用します。熱を利用する方法も逆浸透法も、余った濃い塩水の処理に課題が残りますが、すでに海水を淡水化する施設は世界に約１万6000か所存在しています。

2022年５月には、東京大学の研究チームが塩分をカットして水だけを高速で通すチューブを開発。こうした新しい技術は非常に重要ですが、それと同時に実用化に向けたコスト低減が課題となっています。

飲み水の条件

飲料水の水質基準は？（水道法第４条）

① 病原生物に汚染され、又は病原生物に汚染されたことを疑わせるような生物若しくは物質を含むものでないこと。

② シアン、水銀その他の有毒物質を含まないこと。

③ 銅、鉄、フッ素、フェノールその他の有毒物質をその許容量をこえて含まないこと。

④ 異常な酸性又はアルカリ性を呈しないこと。

⑤ 異常な臭味がないこと。ただし、消毒による臭味を除く。

⑥ 外観は、ほとんど無色透明であること。

→ これらを全て満たすこと！

海水から真水にする

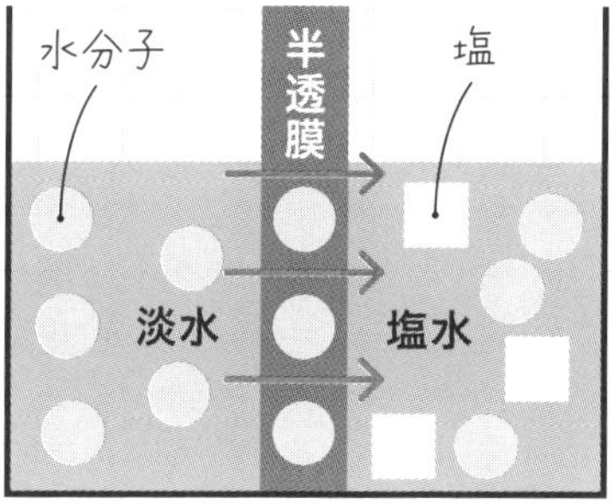

浸透のメカニズム

半透膜とは一定の大きさ以下の分子だけを通す膜のこと。淡水と塩水（海水）をこの半透膜で仕切ると、塩の濃度を同じにしようとする働きが起こる。結果、淡水が塩水へと染み通っていく。これが、通常の「浸透」である。

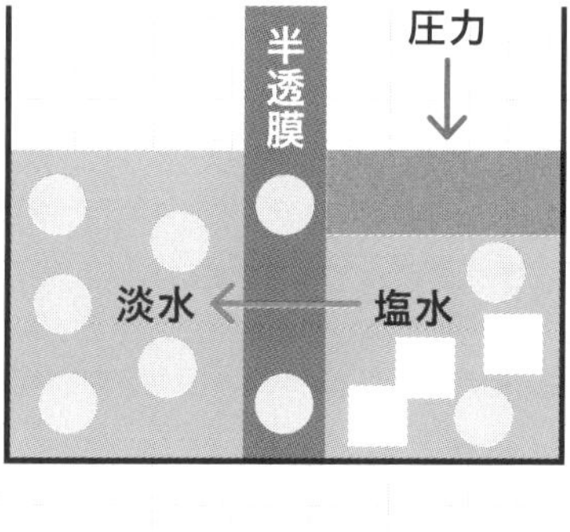

逆浸透のメカニズム

「逆浸透」は浸透と逆の動きを利用した原理。浸透圧以上の圧力を塩水側に加圧すると、塩水側の水の分子だけが半透膜を超えて、淡水側に押し出される。この原理を利用することで、海水から淡水を作り出せる。ただし、逆浸透は処理に時間とコストがかかるほか、おいしい水の条件であるミネラルなども除去してしまうといったデメリットもある。

07、

流したカップ麺の残り汁はどうなるのか

あなたと、あなたの街へのデメリット

カップ麺メーカーは「残り汁はそのまま流してよい」という見解を出しています。しかし実際のところ、残り汁をそのまま流しに捨て続けると最悪の場合、どうなるのでしょうか？

カップ麺の残り汁は生活排水の一部で、流した後は下水処理場で環境に負荷を与えない状態まで処理してから河川に放出されます。下水道には生活排水と雨水を一緒に処理する合流式と、分けて処理する分流式の２種類があります。合流式の場合、大雨が降ったら溢れてしまい、生活排水がそのまま街に放出されることがありえるのです。

また、方式に関わらず、排水溝に流された油分は冷えると固まるため、分解しきれない油分がゆっくり酸化して水中の酸素を奪い、水棲生物の大量死を引き起こす危険性があります。

仮にラーメンの残り汁（１人前200mℓ）をそのまま流した場合、魚が住めるような水（BOD＝5mg/ℓ。BODとは、生物が水中にある有機物を分解するために必要な酸素の量）に薄めるために、浴槽3.3杯分の水（990ℓ）が必要になるというデータも出ています。

生活排水にはほかにも、米のとぎ汁や料理の際に出る油、石鹸やシャンプーなどがあります。これらをなるべく直接流さないために対策を取っていくことが必要です。水問題は供給と排出が重要であると先ほど述べましたが、それは量だけでなく質の点でもチェックしなければならないのです。

残り汁をそのまま捨てると、なにが問題？

利用者へのデメリット

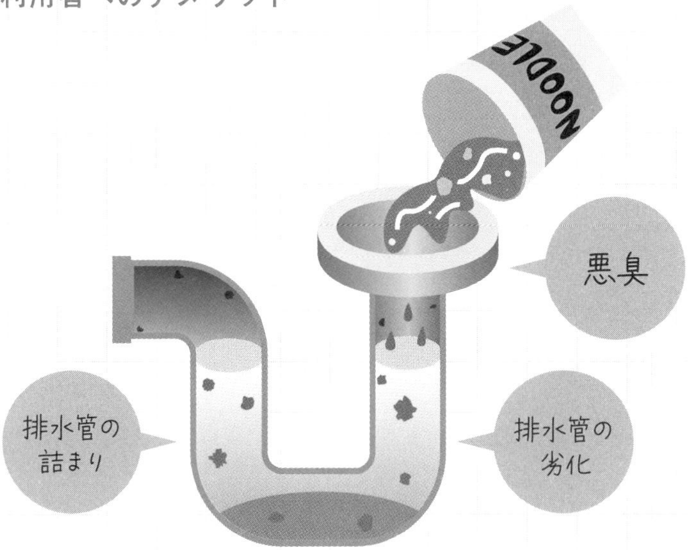

排水口に流された油分は、水などで冷え固まって管の内側に付着する場合がある。結果、パイプ詰まりや腐食などを引き起こす可能性が高い。固形化した油脂は「オイルボール」という球状の浮遊物となり、これが悪臭の原因になることもある。

下水へのデメリット

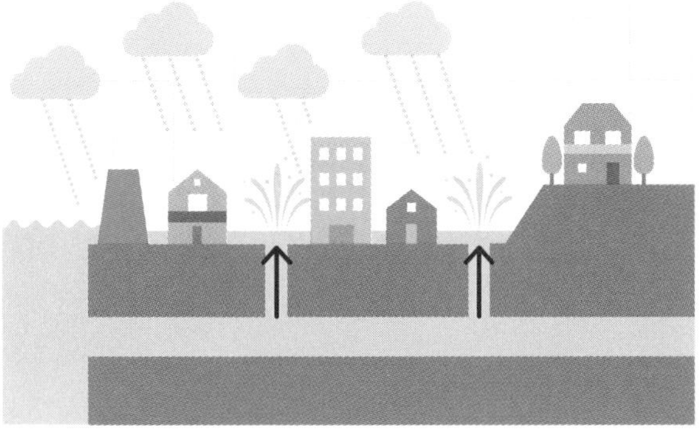

豪雨などで下水が間に合わないことがある。そのような場合、内水氾濫と呼ばれる現象が起こり、マンホールなどから水が溢れかえって街を汚してしまう。

08、森林伐採と文明崩壊の歴史

森林によって文明が興り、滅びた

人類の文明の発達には、常に森林伐採がありました。伐採された樹木は建築物や船舶の材料だけでなく、煉瓦《れんが》を焼くための燃料や、金属を溶かす木炭として大量消費されてきました。**そんな森林資源の難点は、樹木の生長に時間がかかること**です。例えば、**建材の代表である杉は利用できるまでに40〜50年かかります**。そのような資源が無尽蔵に利用され、世界中の文明が何度も崩壊してきました。

紀元前2400年ごろの古代メソポタミア文明では、チグリス・ユーフラテス川下流でシュメール都市文化が勃興しましたが、森林伐採による洪水や塩害で砂漠化が進行し、文明の中心地が上流に移動しました。

紀元前1700年代のメソポタミア文明ではハンムラビ王が都市国家バビロンを治めていました。このころになると森林資源の枯渇が深刻化し、クレタ島から木材を輸入するようになります。そのおかげでクレタ島は繁栄しミノア文明が興りますが、森林を使い果たし紀元前1400年頃に滅亡してしまいます。

ミノア文明を継いだミケーネ文明でも同様に、森林資源を求め文明の中心が大陸の中へと移動していきます。ギリシャ文明のアテネから大陸中心部のマケドニアへ都市が移動したのです。人間は生活を豊かにすることで文明を推し進めてきましたが、同時に文明の根底を揺るがす行為であることに、我々は20世紀に気づきました。21世紀はそれをどう具体的にコントロールするかの時代であると思います。

行きすぎた伐採が土地の劣化を招くまで

文明崩壊のパターン

乾燥化により、河川の周辺に人が集中して住み始める

↓

文明が興《おこ》り、人口が増えていく

↓

人口が増え、環境破壊が始まる

↓

土地の保水力が低下し、乾燥と土壌の劣化が進む

↓

慢性的な食料・資源不足に陥り、
文明が崩壊・滅亡

森林の役割

森林は木材としての価値があるだけではない。土砂の流出を防止したり、洪水を緩和してくれる。また、気温の変化も緩やかにし、二酸化炭素を吸収し新鮮な酸素をもたらす。加えて、騒音などをカットするフィルターとしての役割、食料の供給、生態系の保持など、その恩恵は数え上げるとキリがない。もちろん、すぐに森林ができあがるわけではなく、生育には少なくとも数十年がかかる。短期的な目的のために伐採しては、人間は痛い目にあってきた。

09、

もう戻らない森の風景

オリーブが地中海沿岸で採れる「悲しい理由」

　地中海に面し、シリアとイスラエルの隣に位置するレバノンのレバノン山脈は、かつてレバノン杉と呼ばれる樹木で覆われていました。生長すると高さ約40m（10階建てオフィスビルに相当）、幹回りは10mにもなる巨大な樹木です。材質も硬く腐りにくいため、船の建材として重宝されてきました。また、香りの芳しさも美点で、神殿や宮殿の内装材料として使われたほか、王の棺桶にも使われていました。

　しかし現在のレバノン山脈は、古代人による大量伐採により斜面に岩肌が露出しているような状況です。レバノン杉が残っている森はわずか4、5か所。保存状態のよいブシャーレ近郊の森はあまりに希少につき、世界遺産に指定されるほどです。**レバノン杉の伐採で痩せてしまった地中海沿岸の土地には、貧弱な土地でも育つオリーブの木が大量に植えられるようになりました。**

　かつて日本でも同じようなことが起こっていました。日本では飛鳥時代から奈良時代にかけて12回の遷都が行われ、そのたびに近隣のヒノキを伐採していたのです。ヒノキがなくなってしまった跡地は、痩せた土地でも育つアカマツの森に変わってしまいました。

　資源を考える際に、日本でどのようなことが行われていたかを知るのはとても大切です。わが国は比較的自然と調和的に社会をつくってきましたが、その知恵は諸外国の環境保全にも生かせると思います。

レバノン杉と日本のヒノキ

レバノンの国旗にも描かれている

レバノンの国旗には、レバノン杉そのものが描かれている。それは神聖さと永遠を示しており、国のシンボルとして国民に広く親しまれている。白色はレバノン山脈の元々の意味である「白い山脈」から、赤色は植民地解放に際して流された血を表している。

レバノン杉の特徴

芳香のよさ

特徴的な香りで知られており、防虫効果が認められている。そのため、虫害防止のためにタンス内側などに使われることがある。

美しさ

木目模様の美しさも長所の１つである。中心から周辺にかけての繊細なグラデーションは美しいうえ、変形しにくいので建具にも向いている。

耐久性

木材としての強度は並だが、弾力性はいまひとつであるとされる。また、雨風に弱いため耐久性も不安視され、屋外での使用には向いていない。

レバノン杉が見られるスポット

カディーシャ渓谷と神の杉の森

レバノン山脈にある、ユネスコの世界遺産。現在、国全体で1200本ほどしか存在しないレバノン杉だが、この場所にはそのうち約400本ほどが存在している。

ブシャーレ郊外

ブシャーレはレバノン内陸の街。街を出て20分ほどで樹齢4000年を超えるレバノン杉を数本、見ることができる。レバノン杉の森は保護されており、杉の幹には彫刻などもある。

新宿御苑（日本、東京）

さすがにレバノンまで行けない……という人は、東京の新宿御苑に行くとよいかもしれない。まだそれほど生育しきってはいないものの、新宿門から入って右に進むと、レバノン杉を拝むことができる。

10、日本で余っている森林は活用できないのか

森林の活用方法が見直されている

日本の国土における森林の占有率は67%。世界平均は31%なので、その倍以上です。先進国の中でも、フィンランドに次いで2位の占有率を誇ります。状態もよく、戦後に植えられた人工林の樹木の半分以上が50年以上生長していて、木材として使うのに適しています。

事実、循環型社会の一環として建築物に木材を使う動きが活発になっています。東京2020オリンピック・パラリンピックでは実際に、競技場にスギやカラマツと鉄骨を併用した建築物が採用されました。

建築だけではありません。プラスチックに代わる新素材として、バイオマス素材が注目を集めています。主成分であるセルロースの繊維をほぐした「CNF（Cellulose Nano Fiber）」という素材は、軽量で高強度、保湿性も高いことから、ボールペンのインクや卓球ラケット、化粧品などの製品に実用化されています。

また、日本の森林のうち約29万ヘクタールは休養やスポーツが目的の「レクリエーションの森」に設定されており、観光先やワーケーション先として人気が高まっています。ほか林野庁が2019年に国内企業を対象に行った調査では、回答した企業の6割以上がすでに森林や木材の利用に関する活動を行っていることがわかりました。豊かな森林に恵まれている日本が世界に向けて「輸出」できる品目として、自動車やアニメと同様、こうしたバイオマス素材やそれを活用するシステムとノウハウも開発していく必要があると思います。

日本の豊かな森林は「武器」になるか

建築用途

国立競技場は、貴重な森林資源を未来に残すというコンセプトもあり、自然と調和するデザインが目指された。オリパラ競技会場等における木材使用量としては史上２番目に多いという。木材使用量（材積）は約2000m^3。主な部位としては軒庇（のきびさし）に約190m^3、大屋根に約1820m^3の木材が使用されている。

バイオマス用途

木材は、セルロースナノファイバーとしても利用されている。これは植物繊維の主成分であるセルロースを、細かく解きほぐすことでできる資源だ。その細さは、１mmの百万分の１であるナノサイズと、きわめて繊細。軽量・頑丈・寸法が安定といった特徴を兼ね備えることから、新たな機能を持つ素材として期待され、その製造方法の研究および用途開発が国内外で盛んに行われている。

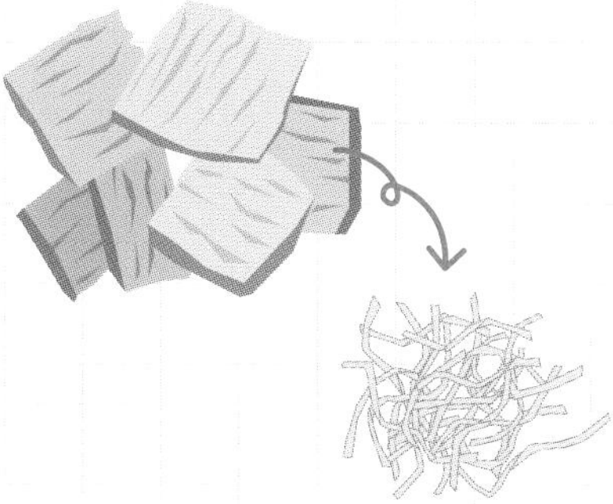

観光用途

林野庁によれば「レクリエーションの森」は、それぞれの森林の特徴や利用の目的に応じて、自然休養林、自然観察教育林、風景林、森林スポーツ林、野外スポーツ地域、風致探勝林の６種類に区分されている。

区分	特徴	代表的な場所
自然休養林	景観が美しく、保健休養に適した森林	高尾山、屋久島
自然観察教育林	自然の変化に富み、自然観察学習に適した森林	箱根、軽井沢
風景林	名所、旧跡等と一体となって景勝地を形成している森林	嵐山、宮島
森林スポーツ林	森林とふれあうアウトドアスポーツに適した森林	風の松原、扇ノ山
野外スポーツ地域	スキー場や宿泊施設などが一体となった地域	蔵王、苗場
風致探勝林	湖沼、渓谷と一体となり優れた自然を構成している地域	層雲峡、穂高

11.

「地球の肺」アマゾンが死んだら

守り抜くために世界が動きだした

アマゾンは世界最大の熱帯雨林です。その広さは約520万 km^2以上にわたり、ブラジルとその周辺国に広がっています。実に熱帯の1/3を占めており、陸上の植物による光合成の約60％が熱帯で行われています。その中で、大気中の酸素の20％をアマゾンが供給しているのです。このことから、アマゾンは「地球の肺」と呼ばれています。

また、地球上の約1/10の生物種が生息しており、「生命の宝庫」とも言われています。しかし2022年３月に発表された論文において、その危機が明らかになりました。異常気象による干ばつや火災、人間による森林伐採などにより、アマゾンの熱帯雨林の４分の３以上の範囲で現状回復力が弱まっていると報告されたのです。**もしこのままアマゾンを失えば、900億トンの CO_2を大気に放つのと同等の損失が予測されます。これは、世界中の放出量の数年分にも相当する量です。**

2022年10月末の選挙で当選したブラジルのルラ大統領は、このことを重く受け止め、11月にエジプトで開催された国連気候変動枠組条約締約国会議（COP27）で「次の私の政府では気候変動を最優先事項にする」と演説し喝采を浴びました。同じ熱帯雨林を持つ国であるインドネシアやコンゴ民主共和国と協力し、森林保全の資金を獲得していく意向です。ドイツとノルウェーも前大統領の政権で途切れていたブラジルの森林保護のための基金を復活させると述べました。地球環境の南北問題を解消する動きにさらなる注目が集まっています。

知っているようで知らない熱帯雨林

◎そもそも「熱帯」とは？

「熱帯」とは、多くの場合、緯度（地球上の縦位置）が25 度より赤道側（赤道は01度）にある地域を指す。気候は１年を通して温暖で雨量が多い。具体的には、東南アジアや中央アフリカ、南米のアマゾンなどが含まれる。その中に形成される植物の集団が「熱帯雨林」だ。成熟したものになると、日本の森林と比較して１年あたり約２倍の光合成量を誇る。

◎「地球の肺」にとどまらない、アマゾンの特徴

熱帯雨林は「地球の肺」として、大規模な炭素や酸素の循環を行っている。だが、それだけではない。１年中温暖湿潤な条件にあるため、盛んに光合成を行うことができ、それが類を見ない生物多様性を生み出している。樹木１つとっても、50m以上の個体すらある。これは15階建てのビルを超えるような高さで、日本ではまず見ることができない。
もちろん、人間も多種多様な民族が住むほか、オランウータンや色鮮やかなインコの群れ、１ヘクタールあたり10 万種ともいわれる昆虫など、多様な生き物が生息している。微生物まで含めると、その数は数十万種。それだけに、持続可能な森林管理が求められている。

◎火災のもたらす損失

アマゾンの熱帯雨林地域では、火災が年々増加している。ブラジル国立宇宙研究所の2019年の発表によれば、同年のアマゾンの森林火災は過去最悪の被害で、9000 km^2（東京ドーム約20万個ぶん）の森林面積が失われたという。ルラの前の大統領であるボルソナロ大統領は、経済を優先してアマゾン開発の規制緩和を行った。そのため、人為的な森林火災が増加したと見られている。さらには気候変動によるフェーン現象やエルニーニョ現象も、森林破壊につながる。

12、トウモロコシなくして文明もなし

ハンバーガーセットの正体はトウモロコシ!?

世界で最も生産されている農作物がトウモロコシです。2019-20年度の生産量は11億40万トンと、穀物の中でも突出しています。トウモロコシは、茎の中間に実がなることや特殊な光合成をすることから生長が速く、省スペースで大量生産が可能です。炭水化物やビタミン、ミネラルなどの栄養価も豊富で、人間にとって大切な資源になっていきました。ただし、現在のトウモロコシの主要な用途は人が食べるためではありません。**生産大国アメリカでも、人が食用としているトウモロコシは国内消費量のうちわずか10%**です。

実は、**トウモロコシの45%は家畜の餌**です。つまり牛肉や豚肉、牛乳を摂ることで人間は間接的にトウモロコシを消費しているのです。また、加工食品に用いられるコーン油やコーンスターチ（トウモロコシから作られるデンプン）、果糖ブドウ糖液糖の原料でもあります。つまり、ハンバーガーやかまぼこ、スナック菓子、コーラやビールなどあらゆる食品にトウモロコシが使われているのです。

食品だけではなく、工業用アルコールや糊の原料にもなっています。また、石油に代替できるといわれているバイオエタノールという燃料の元にもなっているのです。トウモロコシの起源地とされる中米にあったマヤ文明の伝説に「人間はトウモロコシから作られた」とありますが、あながち無根拠でもなさそうです。こうした観点で人間の食文化と環境の相互作用を歴史的に見ていくことも重要なのです。

トウモロコシと人類

実は「すごくヘン」な穀物

祖先種がよくわからない

これほどまでに普及しているにもかかわらず、トウモロコシの起源ははっきりとはわかってはいない。イネ科の「テオシント」であるという説が今のところ有力ではあるが、その姿はまるで違ううえに、テオシントの近縁種が何かということもやはりよくわかっていない。

マヤの不思議な信仰

地理的に孤立した環境で発展したマヤでは、信仰も独特だった。よく知られているのは「トウモロコシの神」だ。トウモロコシの種には赤・白・黄・黒などさまざまなものがあるため、人の肌もそれぞれ違うとされた。まるで黄色人種や黒人種が同じ世界にいることを知っていたかのようだ。

なぜか種子が落ちない

通常、植物の種子は落下したり、綿毛などを利用して遠くへ運ばれたりすることで自らの子孫を広範囲に残していく。しかし、トウモロコシの種子はぎっしりと詰まって落ちることがない。あたかも、人間に発見してもらって利用されることを待っていたかのようなのだ。

作物の中で突出

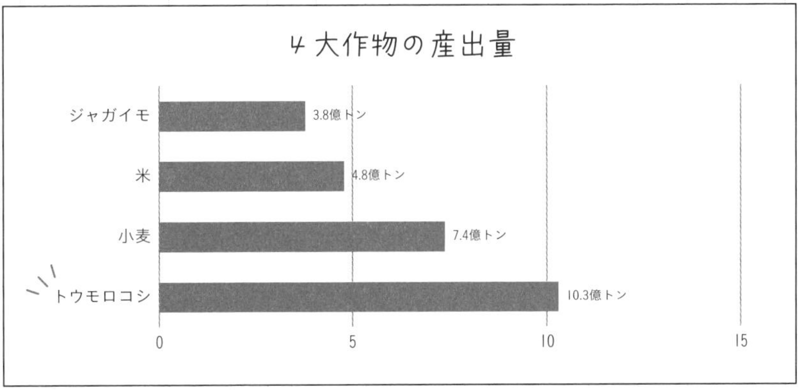

13、焼畑農業は本当に悪者か

セオリーを守れば環境にも優しいが…

焼畑農業とは、作物を栽培した後に農地を焼き払い、残った草木や灰を肥料として再び栽培することを土地が痩せるまで続ける農業の技法です。大量に草木を燃やすため CO_2 が大量に発生するほか、森林火災を引き起こすなどデメリットも大きい農法です。アマゾンでは焼畑農業が盛んなため、熱帯雨林が驚くべきペースで焼かれています。森林火災の発生件数は2019年８月だけで２万6000件を超えました。厚い黒煙が約2500km も離れたサンパウロまで届き、欧米でブラジル産品のボイコット運動が起こるなど、世界各地から抗議の声が上がりました。それを受けブラジルのボルソナロ前大統領は、焼畑を60日間禁止し、軍を配備するなど厳格な対策を講じました。

アマゾンでは土壌の栄養素は地上の植物に吸い取られているため、実は土地そのものはもともと痩せているのです。そこを焼き払ってしまったことで、アマゾンの熱帯雨林はすさまじいスピードで減少してしまっています。一方、日本では稲作が伝わるはるか昔から焼畑農業が行われてきました。山の上方から火をつけ始め、炎が斜面の下端まで進むと燃え残った枝や草を集め、再び火をつけます。現在は禁止・制限されていますが、これは限られた山野を循環させながら利用するサステナブルな農法なのではないか、と再評価する声も挙がっています。人類は約１万年前に農業を「発明」し、その後の陸上の環境を大きく変えてきました。そうした根本から見直すことも重要なのです。

焼畑という方法

◎伝統的な方法であれば持続可能

❶ 焼畑を行う。灰が土壌に降り注ぎ、栄養となる。

↓

② 1〜3年、耕作する。

↓

③ 10年ほど土地を休ませて、地力が戻るのを待つ。

↓

④ その間、別の場所に移動して耕作を行う。

↓

❸を待たずに焼畑をくり返すと、土地が死んでしまう！

◎なぜ灰で植物が育つ？

肥料として使われる灰を「草木灰《そうもくばい》」という。草木灰とは、藁や枝などを燃やしてできる灰のことで、主成分はカリウムやアルカリ性の土壌改良資材だ。酸性の土壌をアルカリ性に傾けたり、害虫を遠ざけたりする効果がある。通常は購入するものだが、自治体の許可を取れば野焼きをし、自作することも不可能ではない。ただし当然ながら、消火の準備は万全にしておくことが大切だ。

14、問題解決としてのヴィーガン

肉を食べない、彼らなりの「倫理」

欧米では、動物由来のものを食べない「ヴィーガン」と呼ばれる生き方が、一部で長らく支持されています。とりわけドイツでは2020年以降、若者を中心にヴィーガンが増えています。新型コロナウイルスのパンデミックをきっかけに、食肉工場の劣悪な労働環境が明るみになったからです。また、規定を守らない残虐な屠《と》殺《さつ》の実態も知れ渡り、「**倫理的な選択として肉を食べない**」という考え方が広まりました。今や、ドイツ人の42%が「肉の消費を意識的に減らしている」と回答するほどです。

一方で、**環境面を重視してヴィーガンを選択している**人は「エンバイロメンタル・ヴィーガン」と呼ばれています。彼らの主張は家畜を育てる際に出る温室効果ガスや森林伐採などの害を減らしたいというものです。その考え方には賛同するものの、完全なヴィーガンにはならない人たちもいます。彼らは「クライマタリアン（気候：climate＋食習慣を意味する“タリアン”)」と呼ばれています。肉は食べるものの、牛肉より相対的に環境負荷の小さい豚肉や鶏肉を食べたり、資源を消費する食物の輸送を避け、地元産の食べ物を選んだりしています。日本人は「全部食べること」を美徳とするため、ヴィーガンの考え方はあまり普及しないかもしれません。しかし、クライマタリアンくらいならできそうです。ここでも環境に負荷をかけない全く新しい発想が必要なのです。

ヴィーガンのメリット・デメリット

健康・環境問題によい影響を与えるという主張

ヴィーガン食は、動物性食品を含まないため、コレステロールや脂肪、飽和脂肪酸の摂取を抑えることができる。そのため、心臓病、糖尿病、がん、肥満などの疾患リスクを低減する効果があるとされている。

オックスフォード大学の研究者らは、2050年までに果物や野菜などの植物性食品を中心とした食事への転換が世界的に進められれば、最大800万人の命が救われ、温室効果ガスの排出量が3分の2削減されると発表した。また、世界的な食事ガイドラインに沿った食事を採用することで、2050年までに年間510万人の死亡を回避できることがわかった。

むしろ健康を損なうという主張も

ヴィーガンは、ビタミンB12やカルシウム、タンパク質不足になるリスクが高く、十分に計画を立てた食事が必要である。2014年の研究によると、ヴィーガンは、カルシウムの摂取量が不足していることがわかった。

とくにカルシウム不足は深刻で、英オックスフォード大が行ったコホート研究によれば、ヴィーガン食の人の骨折リスクは肉食の人のほぼ2倍だったという。ほかにも、ヴィーガンを自称していたインフルエンサーが、実は健康上の理由で魚を食べていたことがわかり大炎上するといったニュースもあった。

市場は拡大している

世界のヴィーガン向け市場の推移

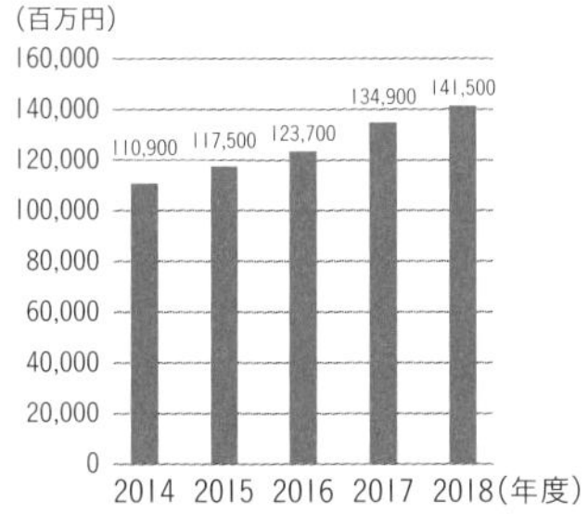

とくに欧米ではセレブなど影響力の高い人物にヴィーガンが多いこともあり、市場は年々拡大している。また、ユーロモニターの「ボイス・オブ・ザ・コンシューマー：ライフスタイルサーベイ（2021年）」によると、世界の消費者の57%が「自分の選択や行動によって世界を良くすることができると思う」と回答。一方日本では、そのように回答した割合が25%と、調査対象40か国中最下位だった。

出典：矢野研究所

15、アボカドで死ぬ人、笑う人

莫大な水の消費と、犯罪の誘発

日本におけるアボカドの輸入量は2007年からの10年で２倍以上に増加しました。しかしその背後では、極めて深刻な問題が起こっています。

その理由の１つは、水資源の浪費です。**アボカド１kgの栽培には2000ℓもの水が必要ですが、これは同量のトマトを栽培するのに必要な水の10倍**です。国際連合では、人間１人が最低限度の生活に必要な水使用量を50ℓとしていますが、先述の数値からは、**アボカド１つで８人分の水がまかなえてしまう**ことがわかります。当然の帰結として、アボカド農家は深刻な水不足を引き起こしました。事実、世界最大の産地であるメキシコのアボカド農家の一部では、付近の小川や井戸から違法に水が汲み上げられ、深刻な干ばつが起こりました。

さらなる問題もあります。アボカド需要に目を付けた組織犯罪グループが、農家から不当に奪い取った土地でアボカドを栽培させ、みかじめ料を要求し始めたのです。たちまちグループ同士の抗争が起こり、2019年には19人が死亡する事件が起こっています。

ただし悪い面ばかりではありません。アボカドの需要拡大に伴い、人生が好転した農家が数多くいることも事実です。そのため「アボカドの購買はやめよう」といった近視眼的な行動より、その背後にある構造に目を向け、そもそも貧困や治安悪化を緩和するためにどのような方法があるのか知ることが有意義といえます。

世界的に需要が拡大しているアボカドの問題

そもそもなぜ需要が拡大？

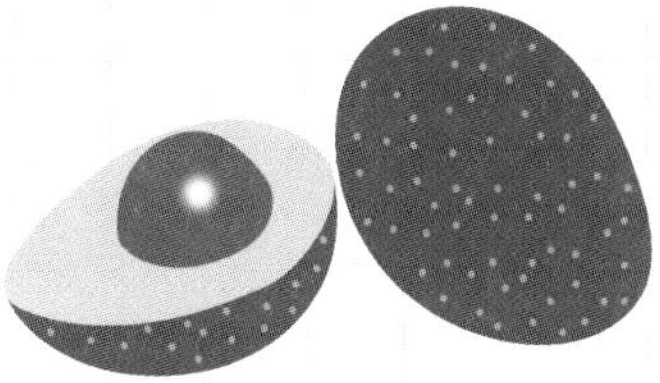

「森のバター」と呼ばれるアボカドは、約20種のビタミンに加えて豊富な不飽和脂肪酸が含まれる。近年のヘルシー志向にマッチしたこともあって、世界中で需要が拡大。また、そのまま食べるだけでなく、がん予防に有効なアボカドエキスとしての需要も右肩上がりだ。いまやアボカドは「グリーンゴールド」として生産すればするだけ儲かる状態になっている。

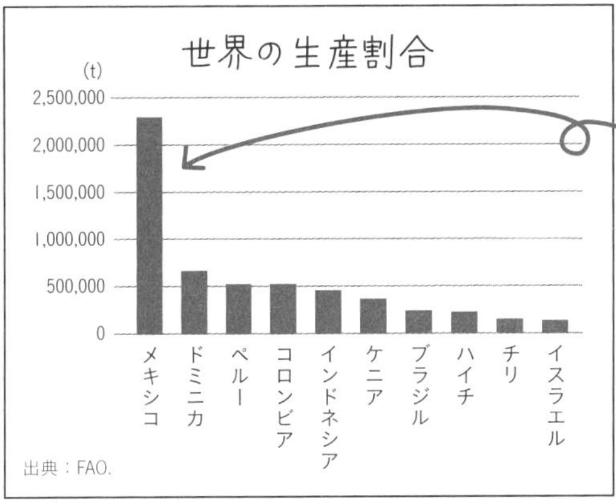

生産トップはメキシコで、年間で約231万トンのアボカドを生産している。ちなみに日本の国産アボカドとしては、新潟県の「せきね農園」において、2015年からアボカドのハウス栽培に取り組み、「雪国アボカド」の名で商品化している。

犯罪・不衛生の温床にも

> アボカド農園からみかじめ料を要求する犯罪組織が出現。

> 森の木を勝手に切り倒し、農家に無理やりアボカドを作らせる。

> 水不足のため、汚染された水を生活用水にしなければならない人々も現れた。

そのほかの課題や取り組み

> アボカド栽培に使用される化学物質が地元民の呼吸器系に悪影響を及ぼしている。

> 現状ではまだフェアトレードのアボカド実現は難しいが、メキシコ産アボカド生産者・輸出梱包業者協会（APEAM）は汚染防止などに厳しい基準を設けている。

16、

知っておくだけで ニュースの解像度が上がる 略語たち

5つの略語

ここでは、英語の略語なのでわかりにくいけれど、実は脱炭素やカーボンニュートラルに重要な用語群をざっと学んでおきましょう。

まずは「**SBT**」。Science Based Targets（科学的根拠に基づいた目標設定）の頭文字をとった言葉で、パリ協定で定められた「世界の平均気温上昇を、産業革命以前とくらべ2℃未満に抑える」という目標を目指して各企業が温室効果ガスの排出削減目標を定めることです。

「**RE100**」は「アールイーひゃく」と読み、企業が事業に使う使用電力を100％再生可能エネルギーで賄うことを目指す活動です。SBTと似ていますが、こちらはエネルギーだけに特化しています。

「**ESG投資**」は、企業の経営状況だけでなく環境や社会的責任を果たしているかどうかを重視して行われる投資のことです。SBTやRE100に参加していると投資されやすい、というような傾向があります。

「**EPC**」とは、Engineering（設計）、Procurement（調達）、Construction（建設）の頭文字を取った言葉です。これらの作業を業者が一括して発注することで、環境の知識がある事業者だけに頼むことができます。

最後に「**EMS**」。エネルギー監理システムとも呼ばれ、エネルギー使用状況を「見える化」することで電力使用量や再生可能エネルギー、蓄電池の制御をして施設全体のエネルギーを効率的に使用するためのシステムです。今後も横文字の用語はますます増えていくでしょうが、いろいろな場面で使いながら早く慣れていただきたいと思います。

もう少し詳しく知る

「SBT」は脱炭素の目標

SBTにおいては、事業者が排出する温室効果ガスだけでなく、輸送や配送、製品の使用までを含むあらゆる排出を合計した排出量の削減が求められる。環境省によれば、企業がSBTに取り組むメリットとして、持続可能な企業であることを投資家や顧客にアピールでき、評価向上や機会獲得につながるという。そのアピール基準も、世界的によく知られている「パリ協定」に準じているため、わかりやすい。

「RE100」は使用電力における目標

公的機関として世界で初めてRE100に参画したのは、日本の環境省（2018年6月）。具体的な取り組みとして、東京・新宿御苑で、RE100事務局が推奨する中間目標を前倒しし、再エネ率30%の電気を調達するとしている。なお、RE100事務局が推奨する中間目標は、2020年：30%、2030年：60%、2040年：90%（最終的には2050年：100%）。

「ESG投資」は環境重視の投資

環境、社会、コーポレート・ガバナンスの視点を投資判断に組み込む点が、ESG投資の特徴。長期的なリスク調整後のリターンが改善され、資本市場全体が持続的に安定するとみられている。投資においては、企業が公開する非財務情報などをもとに、指数会社が企業のESGへの取組みを評価・決定する「ESG指数」が主に参照される。

「EPC」は環境重視の作業サイクル

EPC契約をすれば、施工ミスや資材高騰のリスクを低減できる。とくにメガソーラー（大規模太陽光発電所）の建設プロジェクトで締結されることが多いが、2023年には、福岡の西日本プラント工業との共同企業体が、宮崎のみやざきバイオマスリサイクルから10メガワット級鶏糞専焼発電設備のEPCを受注。26年4月から運転開始するという。これは鳥の糞を燃料とする、画期的な発電システムだ。

「EMS」はエネルギー使用状況の可視化

EMSによって、電力需要バランスが最適化できる。また、使用エネルギーの分析、機器の稼働状況も観測でき、老朽化や故障の前兆を予測できる点もメリットだ。株式会社富士経済によれば、国内におけるEMSおよび関連設備やサービスを合わせた市場規模は約8834億円。翌年には1兆円を突破しており、2030年度には1.7兆円に達すると予測されている。

17、気候変動、最悪のシナリオ

今の生活をただ維持していると起こりうる未来

気候変動を評価する機関・IPCCが、将来の気候変動がどんな条件のもとでどれくらい起こるか、という筋書きを「SSPシナリオ」と称して発表しました。SSPシナリオは、持続可能な発展が続くと仮定した場合から、中道的な発展の下で対策した場合、全く対策しない場合など5段階に分けられます。それによると**「急速で広範かつ前例のない変化が社会のあらゆる部分で生じる」ことがない限り、地球の平均気温は3℃近く上昇する**と予測されています。これがSSPシナリオの何段階に当たるかは、現在進行中の現象も含まれるので確定はできませんが、危険な状態にあると予測されます。地球の気温が2℃以上上昇すると、サンゴ礁は死滅し、海面は10cm上昇します。また、洪水の影響を受ける人が1.5℃上昇時よりさらに1000万人以上増えます。さらに、2070年までに30億人の住む地域で平均気温が29℃以上となり、その中で2つの核保有国と危険な病原体を保有する7つの実験室が悪影響を受けます。加えて、異常気象による紛争や新たな疫病の発生など、間接的な影響で人類が滅ぶことも十分ありえるのです。IPCCは「最悪の場合、私たちに残された時間は12年ほど。対策しなければ、あらゆるものが崩れ去っていくだろう」とレポートしました。危機はまさに「今」である一方、気候変動の要因には火山噴火など100年単位で変化する事象もあるので、現時点では確定的ではないというのが冷静な判断ではあります。

IPCCとは？

◎気候変動に関する政府間パネル(IPCC)

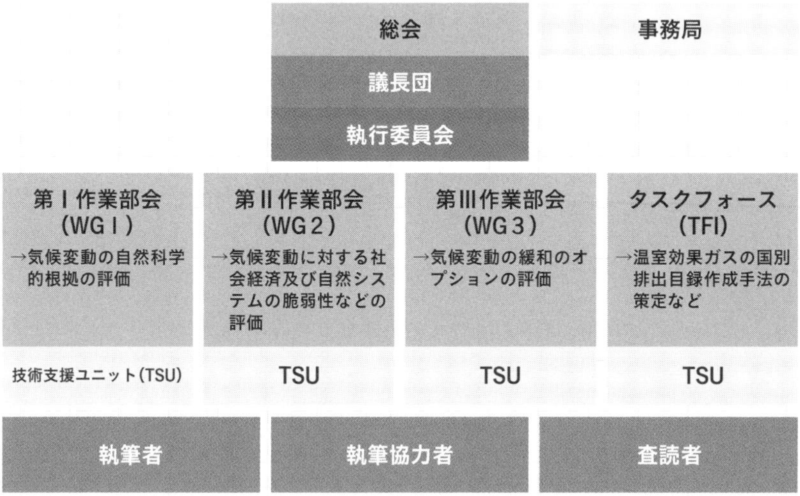

気候変動政府間パネルは、国連環境計画（UNEP）と世界気象機関（WMO）によって設立された、気候変動を評価する機関。気候変動がどのような状態にあるか、またその影響がどのようなものかを、科学的に検討・発表する。ただし、ICPP そのものが研究を行っているのではなく、世界中の論文を元に報告書を作成している。2022年３月時点における参加国と地域は195。

出典：気象庁「気候変動に関する政府間パネル（IPCC）」（https://www.data.jma.go.jp/cpdinfo/ipcc/index.htm html）

◎気温上昇による生存の限界がインドで実現？

気候変動による気温上昇で生きていけない、と言われてもピンとこないかもしれない。しかし、インドではすでにそれが現実のものとなりかけている。人体への熱ストレスを、より正確に測るための基準として「湿球温度」がある。気温と相対湿度を組み合わせたものだが、この温度において人類が生存可能なのが「35℃」と言われている。それ以上を超えると数時間で死に至ってしまう、きわめてシリアスな分かれ目だ。そんな中、世界銀行が昨年11月におそるべき報告書を発表。インドが世界で初めて湿球温度35℃を超える場所の１つになる可能性があると警告したのだ。近年の人口の爆発的な増加（人口は世界一になると見込まれている）や産業の発展に伴う森林破壊もその原因の１つ。インドではもはや待ったなしの状況がやってきている。

18、

「気候変動は問題でない」派の主張

視点の違いを知る

気候変動や地球温暖化はすっかり人類共通の問題となったかのように思えます。しかし実は、「気候変動は本質的な問題ではない」と主張する人々もいるのです。とりわけ2000年代、温暖化懐疑論をとなえる本がヒットし、一部メディアがそれに拍車をかけました。

懐疑派の主張はたとえば、次のようなものです。CO_2ゼロのために技術力を注ぐことは経済の発展にとってマイナスであり、中国のように急速な発展を遂げてきた国との競争にも不利になってしまう、と。また、代替エネルギー開発による利権を狙う人々の存在など「政治とカネ」的な問題だと捉える人々もいます。そのほか、ある科学者は実際に「温暖化はフェイクだ」と主張しています。日本の気温上昇は100年で0.7℃ですが、東京に絞るとヒートアイランド現象によって3℃上昇しているため、平均気温が底上げされただけだと言うのです。より極端な意見もあります。温暖化危機を煽ることで、世界経済を動かしている石油メジャーの力を削ごうとしている、というのです。

ここまでくると陰謀論の域を出ませんが、こういった主張は個人レベルにとどまらず、世界的な企業の公認組織ですら気候変動懐疑論の記事を多数掲載していたりもします。このように、対立の根は非常に深いといえます。地球科学的には、火山の大噴火によって温暖化が一気に寒冷化に向かうことも指摘されています。よって、事実と推論をきちんと見極め、冷静に判断する必要があるのです。

懐疑論者の主張の一部と、それへの反論

主張① 現実的ではない＆経済発展へのマイナスである

- 中国とアメリカで世界のCO_2排出量の４割以上を占めている。
- この２国が本気にならなければCO_2は減らないのに、両国とも本気では取り組んでいない。
- CO_2をテクノロジーで実現するには国家予算の大半が必要。コストがかかりすぎる。
- 温暖化対策で投資を受ける産業は中国が強いため、国家間のパワーバランスが崩れる。

主張② 本当に温暖化が悪いのか？

- 気温上昇とCO_2増加の相関が明白でない。
- そもそも全体としての気温上昇の数値自体が非常にわずかなものである。
- 局所的な猛暑は都市化によるアスファルトなど物理的要因によるものである。
- 温暖化によって壊滅的影響を受けるはずのホッキョクグマが増加している。

出典：キヤノングローバル戦略研究所「地球温暖化」のウソに騙されるな
（https://cigs.canon/article/20220404_6683.html）※上記２点共通

これらへの反論は？

- 化石燃料企業が規制を回避するため、科学への疑いを作り出そうと、保守系シンクタンクに出資している。
- 事実、上記のような否定論の多くは、化石燃料企業やその関連企業が中心となって広めていることがネットワーク分析によって明らかになっている。
- 一見、科学的な検証のように見えて、モデルと観測の比較についての方法論を記述していなかったり、引用が恣意的であったりする。

出典：国際環境経済研究所「組織的な温暖化懐疑論・否定論にご用心」
（http://ieei.or.jp/2020/03/opinion200310/?doing_wp_cron1678877532.423345088958740234375087）

19、牛肉のまずい話といい話

日本における需要のピークは打ち止め？

身近な牛肉料理といえば牛丼ですが、そんな**牛丼１杯につき、約540ℓの水と約１m^2もの農地が必要**です。穀物も大量に投入されており、１kgの牛肉を生産するためにおおよそ11kgの穀物が消費されます。その多くはトウモロコシで、化学肥料や大量の除草剤、大型農業トラクターを使用した「完全工業型」と呼ばれる農業によって作られます。もともと牛はトウモロコシを食べませんが、それを食べられるようにする抗生物質が開発され、より効率的に栄養を摂取させられるようになりました。結果、５年かけて育てていた牛が、今では生後14～16カ月で出荷されています。こうして安価にできた反面、化石燃料を大量消費することにもなりました。

ただし、日本人の年間牛肉消費量は2000年度のピークである１人当たり7.6kgから減っています。転機は2001年のBSE騒動です。最大の輸入先だったアメリカでBSEが発生したことがわかると、消費の需要は鶏肉や豚肉に一部置き換わり、現在に至ります。

生産面においても工夫が見られ、島根県雲南市の畜産会社では、牛の餌に「アマニオイル」を加えることで、げっぷに含まれるメタンガスの削減が期待されています。ヨーロッパを中心に輸出量が倍増するなど、環境と経済の両立を実現しています。環境と国益の両立は、税金で運営されている国立大学と国立研究所にも課せられた課題ですが、こうした身近な現象からも考えてみたいと思います。

牛肉が環境にかける負荷と、その解決策

◎牛肉は圧倒的に高コスト！

妊娠期間	285日	114日	21日
年間産子（卵）数	0.9頭	20頭	225羽
体重1kg増体に要する穀物飼料	10－11kg	3－3.5kg	2.2－2.3kg

出典：熊本県畜産広場「家畜の生産から食肉が出来るまで」
http://kumamoto.lin.gr.jp/shokuniku/kisochisiki/kachiku_seisan/hikaku.html

牛肉はとにかく手間とコストがかかる。価格が高いのは、そのためだ。一方で、農林水産省「世界全体の食肉需要の推移と見通し」によれば、食肉の需要はずっと右肩上がり。しかし、需要が増えても土地は増えない。そのため畜産業者は、早く育つ工夫を重ねてきた。そのうえで環境面の負荷を緩和するため、さまざまな試みがなされている。

「牛の福祉」と利益を両立する画期的試み

島根県雲南市の畜産会社では、牛の飼料にアマニオイルを加えることで、牛のげっぷに含まれるメタンガスを減少させている。アマニオイルとは、亜麻という植物の種子から取れる油のことで、健康食品としても注目されている。そのほか、衛生面においても画期的で、牛舎の掃除をこまめに行うほか、牛の寝床にコーヒー豆を混ぜて臭いを消すなどの工夫をしている。飼育スペースも広く確保し、牛のストレスを最小限にすることで肉質もよくなるという。「牛の福祉」とでもいうべき同社の食肉は、すでにヨーロッパを中心に輸出先が倍以上に。環境保全と経済的利益をきちんと両立したロールモデルになっている。

20、

次のパンデミックは、土と森からやってくる？

環境破壊とパンデミックの意外な関係

環境破壊とウイルスの発生には密接な関係があります。2020年6月、厳しい寒さで知られるシベリアが最高気温38℃を記録しました。これは北極圏において過去最高のレベルです。もしこのように異常な高温が続き、北極の永久凍土が溶けてしまうと、地下に閉じ込められていた炭《たん》疽《そ》菌やウイルスが解き放たれる危険があるのです。

温暖化だけではありません。資源採掘により、人間と野生動物の接触が増えている点も問題視されています。事実、SARSやエボラウイルス病など、**近年新しく発生している感染症の3/4は、動物から感染が広がる「動物由来感染症」というもの**です。森林を破壊して道路や農地、放牧地を開発しているうち、もともと人間とは関わりがなかったネズミや蚊などの野生動物と接点ができることがあります。その動物たちが未知のウイルスや細菌を保有しているのです。このままだと、さらなる未知のパンデミックが発生する可能性もあります。

2000年以降になると、「ワンヘルス」という考え方が注目を集めるようになりました。**他分野が連携しながら動物由来感染症の予防・探知・治療を強化する試み**です。CO_2の削減や環境保護活動を早急に始めないと、新たなパンデミックが二度三度と襲ってくる危険からは逃れられません。何よりまずいことに、冒頭で取り上げた北極圏は、地球上のどの場所より速く温暖化が進んでいるのです。環境破壊とウイルス発生の解明は、新しい地球科学の研究テーマになるでしょう。

永久凍土が溶けて森が破壊されるとき、起こること

永久凍土とは？

永久凍土とは、少なくとも２年以上凍結した状態が持続した土壌または地盤を指す。永久凍土はシベリアとアラスカに広く分布し、地下数百メートルに達するものもある。アメリカの国立大気研究センター（NCAR）の試算によれば、地表から約３mの深さにある永久凍土層のうち、2050年までに半分以上が溶けると予測されている。

永久凍土が溶けるとどうなる？

ウイルスが放出される

凍った土の中に蓄積されてきたウイルスや細菌が活発化するおそれがある。2021年、チベットの氷河で発見されたウイルス（１万5000年前に閉じ込められたもの）のうち28種類は未知のものだった。

新ビジネスも誕生!?

シベリアでは、温暖化によって凍土に閉じ込められていたマンモスが次々と発掘され、中国市場で高額取引されるなど一大ビジネスにまで発展している。牙１本で5,000万円にもなるというから、驚きだ。

動物由来感染症とは？

動物から人間へとうつる感染症で、医学と獣医学が協力して対応する。感染源である動物から人間へと直接うつる「直接伝播」と、感染源である動物と人間との間にある媒介物も原因に含まれる「間接伝播」の２つに分けられる。近年では、大規模開発によって未開の奥地にまで人間が立ち入るようになり、そのリスクも上昇している。

森の破壊が感染症の脅威につながる？

“最恐”のウイルスも

有効なワクチンや治療薬がなく、致死率90％にも及ぶエボラ出血熱は、コウモリを自然宿主にしており、なんらかの形で人間と接触したことがきっかけと考えられている。

ワンヘルスで対応

生態系と動物と人間をひとつながりに考える「ワンヘルス」。野生動物と人間の関係だけでなく、身近なものとしては、コロナ禍におけるペットとの付き合い方などもここに含まれる。

21、土なくして、未来なし！

目立たないけど大切な「土壌」の重要性

土壌も大切な資源です。よく知られているのは、生物多様性を支えていること。**手のひらいっぱいの土の中（約10g）には、およそ100億個のバクテリアが存在**します。バクテリアは動物の排泄物や死骸を分解し、植物に欠かせない養分を提供します。その植物を草食動物が食べ、草食動物を肉食動物が食べ、やがて息絶えて土にかえります。土壌が貧弱だとまず昆虫がいなくなり、それを食べるカエルなどがいなくなるため、高次捕食者も消えます。反対にいえば、食物連鎖のピラミッドの頂点にいる動物がいれば、その土壌は肥沃ということです。

土は貯水もします。地表に降り注ぐ雨の40％は河川に流出したり土に浸透したりして、地下水として海に出ます。その間、土は水を浄化しつつ汚染物質を吸着・分解しているのです。意外なところでは、抗生物質の製造に使われています。ペニシリンをはじめ500を超える抗生物質は、土の中にいる微生物の代謝物から作られているのです。

昨今、農業開発による土壌侵食が問題です。**現在のペースで土壌侵食が続くと、2050年には食糧生産の損失は約10％にまで達してしまう**のです。事実、森林伐採や農地の拡大、都市化によって土の品質が下がってしまいました。失われた土の中の炭素は現在までに500億～800億トン。現在の化石燃料によって排出されるCO_2の６～９年分にあたります。このように地球表面を広く覆っている土壌を、生物の多様性を支えてきた貴重な「資源」として捉える視座も重要なのです。

豊かな土のメカニズム

豊かな土には多様な生命が含まれている

ヒメミミズ　ウズムシ　クマムシ　ダニ
アブの幼虫　ハエの幼虫　ヤスデ　線虫
ムカデ　ワラジムシ　トビムシ

栄養塩の提供 → 分解の促進 → 炭素の貯蓄

私たちにとって比較的身近な土として、明治神宮の森がある。人工の森でありながら、太古の原生林を目標に長い時間をかけて作られたものだ。肉眼で見える動物だけでも、地上の動物の数倍から10倍の動物が生息している。これらの虫たちは落葉などから栄養塩（生命維持に必要な塩分）をイオン化し、植物に提供。また微生物や虫など多様な生物群が互いに影響を与え合いながら分解を促進する。さらに、ミミズの糞などが蓄積することで土壌に炭素が溜まっていき、さらに土壌が豊かになっていく。

貯水とフィルター

森林土壌は、しばしばスポンジにたとえられる。森林の土壌が雨水を浸透させる能力は、草地の２倍、裸地の３倍。洪水のリスクを緩和するだけでなく、栄養分ゆたかな水を生成するフィルターとしても機能する。土壌中に保留されたり、植物に吸収されたりする過程で、土壌中のミネラル成分がバランスよく溶け出すからだ。

医学の発展にも寄与

2018年には、土壌の細菌から新種の抗生物質が発見されたという論文が『nature』に掲載。研究者のショーン・ブレイディらは、アメリカ全域で1000以上の土壌試料を集め、細菌DNAを抽出。塩基配列を解読して、ある遺伝子を発見した。これにより、新たな抗生物質に関わる化学物質が生産できるだろうとみられている。

22. 鳥のフンで起こった紛争

奇跡の肥料「グアノ」をめぐって

19世紀半ば、「10億ドルの鳥」と呼ばれた動物が居ました。ペルーに棲息するグアナイウという鳥です。グアナイウのフンが堆積し化石化した鳥糞石は「グアノ」と呼ばれ、とても優秀な肥料として古くからペルーで使われていました。1802年、ヨーロッパの探検家アレキサンダー・フォン・フンボルトはペルーのチンチャ諸島でグアノと出合い、持ち帰ります。やがて、畑にまいてみたところどんな肥料よりも効果があった、という声が欧米のあちこちで広まりました。やがて、タバコなどのプランテーション（単一種の植物を大規模栽培すること）で入植地の土地がやせ始めたアメリカ、イギリス、フランスなどでグアノ争奪戦が始まりました。ペルー政府は大掛かりな採掘作業で潤い、ピーク時は国家予算の3/4がグアノによって賄《まかな》われたほどです。

挙げ句の果てに、チンチャ諸島の領有権をめぐってスペイン、ペルー、チリとの間でグアノ戦争と呼ばれる争いまで起きました。しかし、チンチャ諸島のグアノは20年ほどで枯渇してしまいました。そこでアメリカは、グアノが採れる島を探すべく1856年に「グアノ島法」を成立させました（右図参照）。もっともその後は、より優れたリン鉱石やチリ硝石の発見などで、グアノの需要は減っていきました。ただし、現在も高価な有機肥料として一部で使用されています。世界の農産物の生産は鉱物資源をどう供給するかにも関わってきます。こうした異なる分野の観点からも資源の流れを見ていただきたいと思います。

グアノ・ラッシュとその終焉

◎「グアノは聖女ではないが、多くの奇跡を行う」

紀元前後から7、8世紀頃まで、ペルー北海岸にはモチーカという先住民がいた。彼らはグアナイウのフンの堆積物を「フアヌ」と呼び、肥料にしていた。その驚くべき効果から、フアヌは金と並び称され、「グアノは聖女ではないが、多くの奇跡を行う」ということわざすら生まれた。それを持ち帰ったヨーロッパの科学者たちも効果を認めたものの、なぜ効果が得られるのかまではわからなかった。こんにちの私たちは、それが窒素やリンなど、植物の生育に役立つ成分のおかげであることを知っている。グアナイウは魚を食べるため、草食動物である牛や馬のフンより栄養価が高い点も、肥料としてプラスに働いた。

◎グアノ・ラッシュ

探検家フンボルトがペルーを訪れ、グアノを本国に持ち帰る。
農民たちがその効果に驚き、需要が急激に拡大。

↓

グアノのある島の所有権をめぐって、
ヨーロッパ・アメリカ間で紛争が起こる。
「アメリカ人がどの国にも属していない島を見つけた場合は、
アメリカ領土にしていい」という「グアノ島法」まで成立。

↓

大部分が採掘されてしまったうえに、
リン鉱石やチリ硝石が発見され、グアノの需要が減少していく。

↓

減少はしたが、有機肥料として現在も利用されている。

23、エコ・テロリズムとは何か

非暴力のテロという新形態

2022年10月14日、イギリス・ロンドンの美術館で「ジャスト・ストップ・オイル」という団体の環境活動家が、ゴッホの名画『ひまわり』にトマトスープをかけるという事件が起こりました。その動機が気候変動対策への抗議であったことと、芸術作品が汚されるという過激さから、彼らの行為は「エコ・テロリズム」と呼ばれ、多くの人から非難されました。一方で、人間を傷つけずに主張を伝える点は、暴力的なエコテロリズム（シー・シェパードなど）と一線を画します。

同団体は、以前からデモや署名、政治家への嘆願など地道な活動を行ってきたと主張しています。それでも市井の人々には伝わらなかったため、もっと危機感を持ってほしいと今回の事件を起こしたそうです。その思いが伝わったのか、イギリスの世論調査では66%の人が彼らに理解を示すと意思表示しました。もちろん反対意見もあります。主張のためなら知的遺産を汚しても構わない、というのは正義の暴走であり、いずれ暴力などにつながる、という懸念です。

そんな同団体に資金援助をしている団体のひとつが、米国の非営利団体、気候変動緊急基金（CEF）です。CEFの共同設立者の１人は、米国の石油王の孫娘であるアイリーン・ゲティ氏。テロの対象が人でなくモノであること、支持層が多岐に分かれていることなどが問題を非常に複雑にしています。地球科学の主要テーマである環境問題を政治・経済の問題から分離することも、大切な課題であると思います。

新時代エコ・テロリストの正体

創設者と活動資金

「ジャスト・ストップ・オイル（JSO）」の創設に深くかかわっているとみられるのが、環境保護団体「エクスティンクション・リベリオン（XR）」の共同創設者の１人であるロジャー・ハラム。イギリスの大学で「気候変動を回避するには革命が必要だ」という趣旨の講演を続けており、その一環として若い層を取り込んでいる。いまやメンバーは1000人以上にのぼるとみられており、一連の事件で注目度が高まったことにより、寄付金額は増加し、活動が活発化していくと予測されている。一方で、JSOでなくとも過激化していく活動への懸念もある。2021年には、スウェーデンの研究者であるアンドレアス・マルムが『パイプライン爆破法』（月曜社）という過激な環境保護活動の本を出版し、話題になった。

JSOの言い分

巻き起こった論争

肯定的・中立的な意見

- 非暴力の抗議である。彼らは自らの手を壁に貼り付けるなどし、自らを物理的に抵抗不可能な状態に置いた。作品に損害も与えていない。
- 環境問題について過去最大級の注目を集めることに成功した。
- 気候変動がまったなしのイシューであるのは事実であるにもかかわらず、政府の動きはまったく十分ではなかった。

VS

否定的な意見

- 絵画にスープをかけても石油産業は止まらない。
- 現在の手法で効果が上がらないと見れば、必ず過激化する。
- 「聞き入れられなければ実力行使」を許せば、暗殺なども正当化できてしまう。

COLUMN

絶望的な未来を“体験”できる、斬新なレストラン

ここでは、知識だけではなく“体験”から環境問題を考える試みをした、あるイベントの話をしたいと思います。クラウドファンディングによって東京都内で実現した「絶滅体験レストラン」です。これは、「絶滅」をテーマとした体験型イベントです。

現在、１年間で絶滅する生物は約４万種。このことに危機感を覚えた主催者は「知識として知っているだけではもう止められない。感じて動き出すべき」とこのイベントを企画したといいます。

同イベントでは、ダンサーや俳優、マジシャンらが、絶滅していく動物たちの悲しみを表現するパフォーマンスを展開。それを観劇しながら、次々と運ばれてくる“絶滅料理”のフルコースを食べます。

コース料理は、現代を表現した明るいダンスを目の前に、彩り豊かなサラダから始まりますが、やがてプラスチックを添えたサーモンの温菜、2100年に生き残っているであろうカラスの肉などを使ったハンバーグ、やがては食べる生物がなくなった人間たちが主食にするかもしれない昆虫を使ったリゾットなど、絶望的なメニューへと変化していきます。

参加した人は味覚や視覚など五感を使って「絶滅」を体験し、環境問題を自分事として捉えるようになったそうです。全く新しい発想から環境問題を考えるアイデアにぜひ注目していただきたいと思います。また、こうした五感を使う取り組みは実生活に応用できそうです。例えば、水をなるべく使わない調理に挑戦するなど、ごく小さなことから“体験”してみるのはいかがでしょうか。

第2章

エネルギー資源

文明の発展を
つかさどる資源

24、

上がり続ける電気代のからくり

東京の電気代が2611円上がる日

福島第一原子力発電所事故から11年がたった2022年、世論が動きました。原発の運転再開に対する賛否の世論調査で「賛成」45%、「反対」46%と、拮抗した結果が出たのです。前年まではおおむね「反対」が５～６割だったことを考えると、無視できない数字です。識者たちの中には、「電気代高騰を実感し始めた世の中の空気が、この結果を生んだのでは」との声も上がっています。事実、2023年、大手電力会社10社のうち７社が３～４割ほどの値上げを国に申請しました。

背景にあるのは2022年２月のロシアによるウクライナ侵攻を受けた資源価格の高止まりと、円安です。日本は電力の７割弱を液化天然ガス（LNG）と石炭に頼っていますが、LNG の輸入単価はここ３年間で約2.5倍、石炭は約５倍になりました。

電気料金は国の認可が必要な「規制料金」と、電力会社が自由に決められる「自由料金」の２つがあります。自由料金は原発事故以降じわじわと値上がりしていましたが、ここで電力会社が「規制料金」の値上げを国に申請したため、大幅な値上げが実現しようとしています。政府は値上げ申請を受け、電気代の負担軽減策として2023年１月から１kW（キロワット）時あたり７円下げることに決めました。一旦料金は下がりましたが、値上げ申請が通ったあとはそれを上回る電気代となるでしょう。ここにも電力供給という公益と生活経済維持のバランスという難しい課題が横たわっています。

電気代の今までとこれから

電気料金の推移

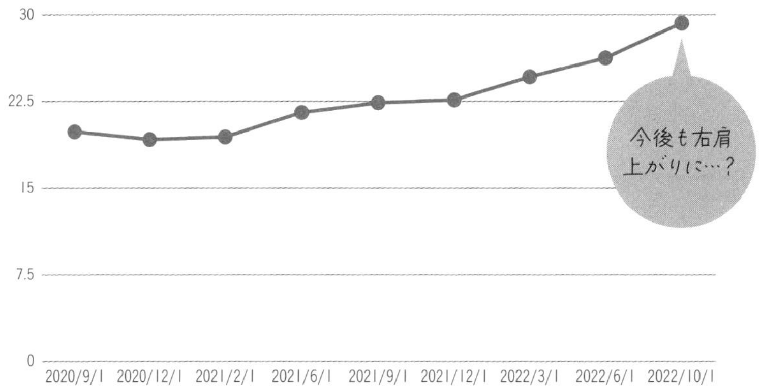

出典：新電力ネット（https://pps-net.org/unit）

原因と対策

主な原因

> ウクライナ情勢による電力調達価格の悪化

> 送配電網の利用料（電気を送るのにかかる利用料金）高騰

> 原発再稼働の遅れ

対策

> 2023年1月の使用分から、電気・ガス料金の補助

> 為替や燃料価格を最新データに変更し、値上げ幅を抑える

個人でできる節約術

> エアコンのフィルターを月に1回掃除すると年間で約1000円の節約

> 冷蔵庫の設定温度を「強」→「中」にすると年間で約2000円の節約

> 白熱電球をLEDに変更で約2800円の節約

> 冷蔵庫の中身を半分にすると年間で約1300円の節約

25、エネルギー革命の功罪①

人間と火の出会い

人類にとって最初のエネルギー革命は、薪などを使って火の利用方法を覚えたことです。南アフリカのスワルトクランス洞窟の調査では、**100万～150万年前という遠い昔、古代人類がすでに動物を焼いて食べていたことが明らかになりました**。火を通した食べ物は生より消化しやすく、多くの栄養を取れるため、人類の脳は大きく発達しました。同時に、火を焚くことによって、野生動物に襲われる危険を排除したのです。このころから、チンパンジーやオランウータンとは生活様式が分かれていったといいます。人類の繁栄、そしてエネルギーの大量使用の出発点でした。

やがて人類は農耕生活へ移行し、定住を始めます。これが第二のエネルギー革命です。農耕により、人類は大地に降り注ぐ太陽エネルギーを効率的に活用しました。その恩恵として**人口は、農耕生活が始まる前から１万年の間に約100倍にも膨らみました**（P.164）。農耕生活の発展は人類に戦争と奴隷制の始まりをもたらしました。古代ギリシヤや古代ローマでは、戦争に敗れた人々を奴隷にし、農耕に従事させています。このように身分制が生まれたことで支配者層に余暇ができ、現代にまで続く思想や科学の原典が花開いたことも無視できません。また、戦争には金属製の武器や大きな船が必要不可欠になり、多くの森林が伐採されました。しかしここまでは、人類は比較的、謙虚でした。あくまで太陽エネルギーを利用するだけにすぎなかったのです。

火と人類

人が初めて火を手にした日

人類がいつから意識的に火を使い始めたのか正確にはわかっていない。だが、それ以前からごく自然な形で火は目にしていたはずだ。人為的でなくても、火山の噴火や落雷によって木や草が燃え出す「野火」はしばしばある。野火に近づいて思考錯誤をくりかえす中で、木と木をこすり合わせて火をおこすことを覚えた。照明、温かさ、加熱調理、猛獣からの防御と、火によって彼らの生活レベルは飛躍的に向上した。

定住へ

定住生活の始まりについても完全に解明はされていないが、移動してその地の食物を食べ尽くす、というスタイルでは人口を支えきれなくなったことが原因であると考えられている。人類は定住の必要に駆られ、と同時に食料を調達する新しい方法を探さなければならなかった。そこで農耕と牧畜が始まったと考えられている。とりわけ農耕は、太陽エネルギーを効率的に利用する画期的な方法だった。

定住の副産物

農耕によって自力で食物を生産するには、言語によるコミュニケーションが不可欠だった。また、役割分担によるチームワークも必要だった。その点において、ネアンデルタール人などの旧人類は言語能力が未発達であり、上述のようなコミュニケーションをとることができなかったと考えられている。結果、ネアンデルタール人は生存競争に敗れ、やがて絶滅してしまうのだった。
一方、生き残った人類はやがて、農耕をさせる者と従事する者といった階層を生み出す。それが身分制へとつながっていくのだった。

26. エネルギー革命の功罪②

エネルギー史における最大の革命とは

第三のエネルギー革命は18世紀半ば～19世紀に起こった蒸気機関による産業革命です。背景となるのは1709年。薪や木炭に変わる材料として、不純物のない石炭（コークス）が発明されます。硫黄分が少ないため、従来の石炭より質のよい鉄を作ることのできるコークスは、産業革命の立役者となりました。1781年、その石炭を利用して、発明家であるジェームズ・ワットが蒸気機関を作りました。蒸気機関とは水を燃料で熱して水蒸気を生み出し、それによってピストンという部品を上下運動させるものです。歯車と連結させることで、蒸気機関車などの動力に応用されました。蒸気機関が革命的だったのは、**水蒸気の「熱エネルギー」を「運動エネルギー」という別種のエネルギーに変換してしまう**ことでした。言い換えれば、石炭や石油、ひいては原子力などの熱源は、全て動力に変換できてしまうのです。

1950年代になると、中東やアフリカで相次いで大油田が発見され、石油も新たなエネルギー源として利用されるようになりました。しかし、それは気候変動を引き起こす可能性のあるCO_2の排出という新たな問題を生むことになりました。実は現在、地球温暖化の原因が大気中の二酸化炭素濃度の増加だけによるものかどうかは議論の最中にあります。よって今後の地球科学の進展を丁寧にフォローしていかなければなりません。

現在でも使われている、コークスと蒸気機関

コークスができるまで

コークスは17世紀にヨーロッパで生まれた。最初期は「野焼法」という方法が採用されていた。これは石炭を積んで火をつけ，不完全燃焼させて石炭の揮発分を除き、水をかけて消火する方法だ。その後、コークス炉が開発され、より効率的に高品質なコークスが生産されるようになった。

コークスの用途は多岐にわたる。主なものは、製鉄用、鋳物用だが、燃料としても使用され、炭素材製造用の原料としても利用される。なお、日本で製造されるコークスの90%以上は製鉄用とされている。

コークスの登場は、木炭の必要性が減少することを同時に意味していた。つまり、資源を森林に頼ることがなくなったのだ。産業上のプラス面は計り知れないが、現在におけるカーボンニュートラルの問題もこのころから始まった。

蒸気機関の変遷

シリンダー式
（ピストンを上下させる）

→

回転式

→

タービン式
（蒸気が噴き出す力で羽根車を回す）

ワットの思考錯誤によってできあがった蒸気機関は、いくつかの変遷を経て、蒸気タービンとなった。現在に至るまで、さまざまな発電所で、蒸気タービンによって電力が生み出されている。

27、エネルギー革命の功罪③

電気と肥料の大躍進

第四のエネルギー革命はアクシデントから生まれました。ことの起こりは1873年、ウィーン万国博覧会です。発明家ゼノブ・グラムはダイナモと呼ばれる発電機を展示しようとしていましたが、助手が誤ってこれらの出力線同士を接続してしまいました。すると偶然にも、電気を使ってエネルギーを移送できることが発見されたのです。これにより電力エネルギーが扱いやすくなりました。

やがてトーマス・エジソンが電力ビジネスを始め、全米で1000か所もの発電所を牛耳るまでになりました。初期の直流電流は低電圧・大電流のため、発電所の近くにしか電気を供給できませんでしたが、その後ニコラ・テスラが発明した交流電流は高電圧・低電流で電圧を変えることもできたため、遠くにも送電可能になりました。

第五のエネルギー革命はドイツの科学者フリッツ・ハーバーとドイツBASF社のカール・ボッシュが発明したハーバー・ボッシュ法です。**大気の約80%を占めている窒素から人工肥料を作り出すために生まれたこの技術**は「水と石炭と空気からパンを作る技術」として称賛を受けました。これにより肥料を潤沢に使うことができるようになり、食料を工業的に確保できるようになったため、人口は爆発的に増大していきました。20世紀初頭に16億人だった世界人口は現在80億人を突破しています。このようにエネルギー問題は人類の文明維持に関する問題でもあるのです。

電気の歴史

最初の実用的な発電機

1873年のウィーン万博で、当時最新式の発電機が出品された。だが助手がケーブルの接続を間違えて別の発電機に接続・送電してしまう。単なるアクシデントかと思われたが、止まっていたほうの発電機が回り出したことから、これが電動機（モーター）になることが発見された。

エジソンの商才

電気を「白熱電球」として実用化したのは、トーマス・エジソンだ。エジソンのすごさは、白熱電球だけでなく、直流発電機と配電システムなどを確立させ、商業ベースで照明を普及させたこと。その特許取得にあたっては訴訟沙汰にもなるなど、必ずしもスムーズな道のりではなかったが、1882年にはニューヨークで電灯事業を開始し、成功を収めている。

ハーバー・ボッシュ法

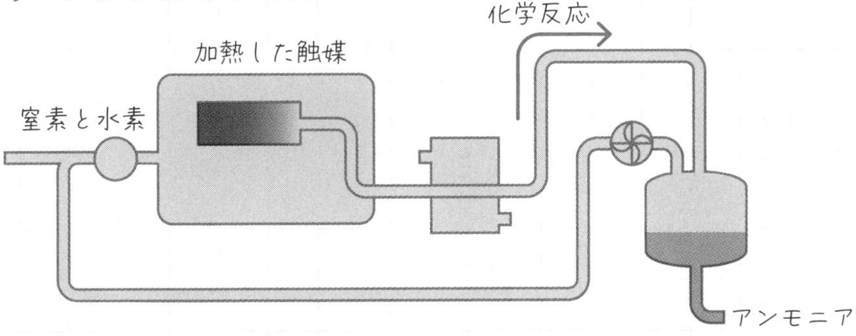

食糧増産には、化学肥料による効率的な生産が欠かせない。そのカギとなるのが窒素化合物で、原料がアンモニアであることは知られていたが、人工的に作り出すのは不可能と思われていた。そんなアンモニア合成を可能にしたのが、カール・ボッシュらの生み出した上記の方法。１万回以上の実験を経て1913年にアンモニア生成工場を稼働させ、工業化の道を拓いた。

28、

毎年「あと40年で石油がなくなる」と言われる理由

技術発展と読めない残量

石油は地下3～5kmの地層にたまっています。主に中世代（2億5200万年前～6500万年前）の生物の死骸が分解されて、炭素と水素を含む化合物になりました。これを原油といいます。原油は地下のプレート（地球表面を構成する厚い岩板）の動きによって地層中をゆっくりと移動します。そんな原油が大量に溜まった場所が油田です。

長い時間をかけて生成されていくこともあり、石油はかなり昔から「このままだと枯渇する」と議論され続けています。いずれ石油の生産は頭打ちになり、需要が生産を上回って枯渇する、という予測に基づき「2030年代にピークが来る」、「いや、2020年代だ」などといった説が展開されてきました。1970年代のオイルショック時には、「あと30年でなくなる」といわれていたのです。それから30年どころか50年近く経過した現在も、石油は枯渇していません。たしかに採掘可能な石油の量は、技術進歩（右図参照）により、30年前の1.3倍ほどに増加しています。また、採掘自体の深さも、2000～4000メートルと深くなっています。しかし、実際に**どれくらいの石油が地中にあるかは未知数な部分が多い**のです。

日本は石油消費量の99.7%を輸入に依存しています。独自の探査と開発ができる場所を確保し、環境保全技術の点で産油国に関与できるかどうかがカギになるでしょう。ここでも最新の地球科学を用いた技術が思わぬブレイクスルーを生むのだと思います。

石油の現在地

原油生産国ランキング

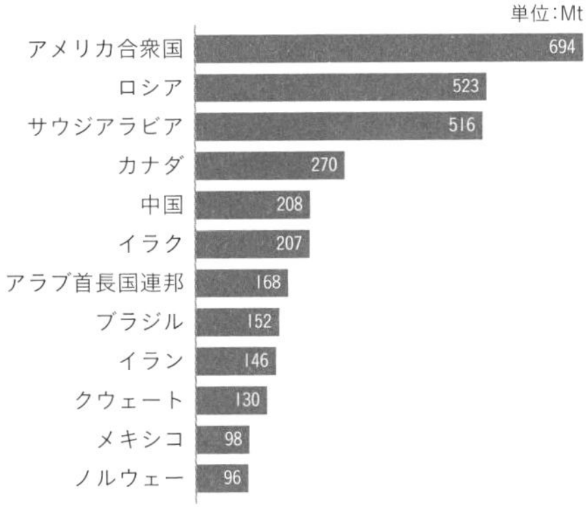

いまや世界一の石油原産国であるアメリカ合衆国だが、2008年まで原油の産出量は減少傾向にあった。しかし技術開発によって、それまで困難だったシェール層からの原油や天然ガスの抽出が可能となった。この「シェールガス革命」により、それまで世界トップ2だったサウジアラビアとロシアを抜き去ることとなった。ちなみにアメリカは、シェールガス革命によって天然ガスの産出量も増えた。

出典：世界のエネルギー・気候統計 - 年鑑2022
(https://yearbook.enerdata.jp/crude-oil/world-production-statistics.html)

2つの採掘技術が革命を起こした

水平掘削技術

水平方向に油井（ゆせい）を掘削していく技術。従来は縦方向の発掘以外は不可能だった。

水圧破砕技術

硬い地層に水圧をかけて多数のひび割れを作り、地層内に封じ込まれている原油やガスを流動化させる技術。

日本にもある油田

秋田県秋田市「八橋油田」

累計原油生産量（令和2年3月末時点）575万キロリットルを誇る、日本最大の油田。現在も稼働中。

新潟県新潟市「阿賀沖油ガス田」

原油だけではなく、天然ガスも生産していた。1976年から生産を開始していたが、資源の枯渇により1998年に生産が停止した。

北海道苫小牧市「勇払油ガス田」

原油とガスを生産している。1988年に発見され、1998年から現在に至るまで生産を続けている。

29、

SFが現実に？
反物質エネルギーとは

実現すれば火星まで４分！

相対性理論と量子力学によって、すべての物質（元素）に、「反物質」があることがわかりました。重さは全く同じでありながら、電子や陽子が帯びている電気のプラスとマイナスが逆なのです。物質と反物質をぶつけると、反対の電気同士がぶつかって物質自体は消えてしまい、莫大な量のエネルギーだけが放出される点が特徴です。仮に、**0.25グラムの反物質があったらそれだけで原子爆弾に相当するエネルギーが放出される**計算です。意図的に生成できれば、途方もないエネルギーではあります。光速の99％まで加速できるとされる、「ヘリカルエンジン」が実現するのも夢ではありません。ただ、反物質は「ある」とは理論上わかったものの、存在は宇宙線（宇宙から降り注ぐ放射線）や、CERN（欧州原子核研究機構）や東京大学の研究室で生まれた希少で短寿命のものしか観測されていませんでした。

しかし最近の研究で、意外なところから大量の反物質が観測できることがわかりました。それは「雷」です。落雷の放電時に電子が光速近くまで加速され、強力なガンマ線（放射線のひとつ）が生まれて、反物質が生成されるというのです。雷の研究が進めば反物質が生み出せるかもしれません。映画『スター・トレック』では、重さあたりのエネルギー出力がガソリンの３億倍である反物質が宇宙船の燃料として使われています。反物質エネルギーには、化石燃料どころではない莫大なポテンシャルが秘められているのです。

反物質の秘める可能性

あらゆる物質には反物質がある

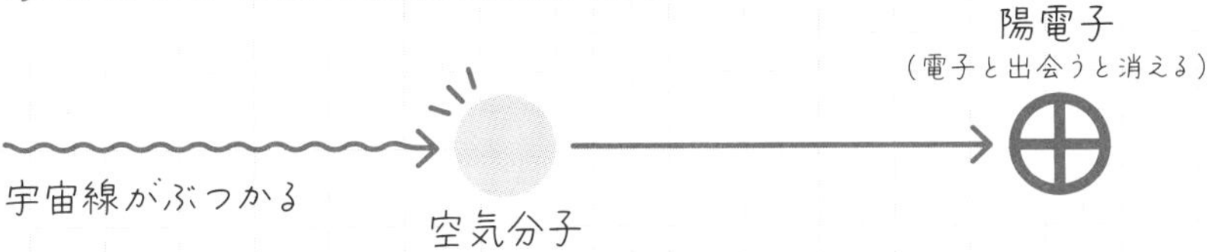

陽電子と電子が出会うと消える。この性質を使ってがんの位置を調べるのが、陽電子放射断層撮影（PET）検査だ。

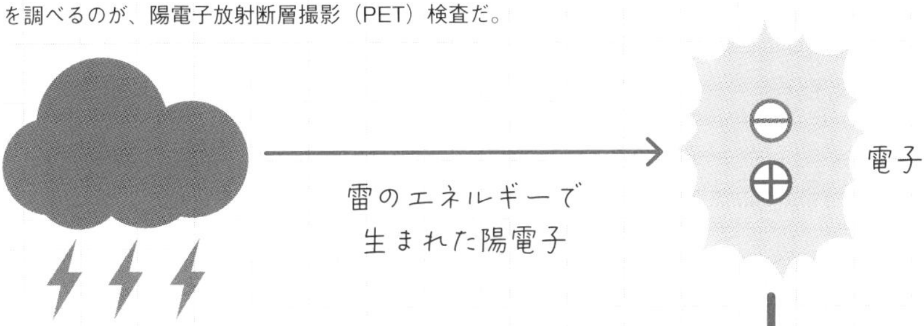

反物質とは、見た目はその物質と同じであるにもかかわらず、一部の性質（電荷など）が正反対のもの。物質と反物質がぶつかると、エネルギーを放ってどちらも消滅してしまう。

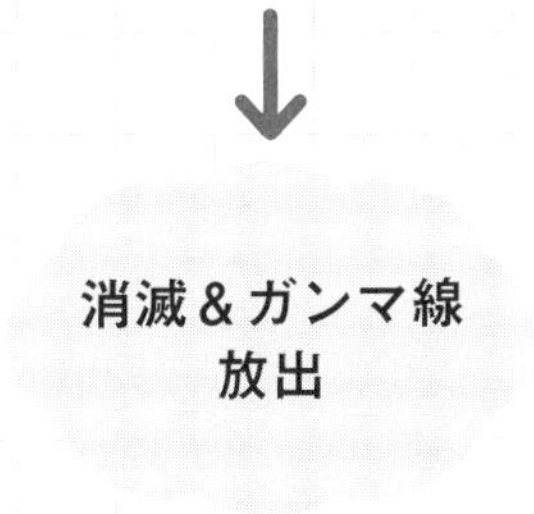

「反物質エンジン」の構想と難点

ゲラルド・ジャクソンとスティーヴン・ハウという物理学者が『フォーブス』で語ったところによれば、宇宙船の反物質エンジンは、ウランの核分裂反応を引き起こす最初のステップで反物質を用いるという。反応が始まると一方の粒子は進行方向に、もう一方の粒子は進行方向と反対側の船尾に向かっていく。前者を特殊な帆で受け止め、後者はそのまま推進力として利用することで、爆発的なスピード（光の速さの40パーセント相当）を獲得できるというのだ。ただし、計画実現には20～30年かかると言われており、資金面でも苦難が続いている。

出典：WIRED「宇宙旅行を実現する「反物質エンジン」、Kickstarterで踏み出す第1歩」
（https://wired.jp/2016/03/19/kickstarter-per-sviluppare/）

30、原油流出事故で起きること

たった1回の事故が及ぼす多大な影響

原油流出事故は、タンカーや採掘所の事故によって、海洋に原油が流れ出すことで、その被害は甚大です。魚介類は大量死し、捕っても食べられません。水鳥も体温低下で死んでしまいます。油膜の広がった海面に着水することで、羽のコーティングが取れ、思うように動けなくなるからです。それだけではありません。油膜が太陽光を遮ることにより、植物プランクトンの光合成が阻害されます。

もちろん、人間への被害もあります。漁業に大打撃が出るのはもちろん、流出油が打ち上げられた海岸地域では観光客が減り、大量の海水を使う発電所では排水管が汚染されてしまいます。さらに、汚染海域では船舶の移動が制限され、物流にも影響が出ます。

完全ではありませんが、解決策はあります。ひとつは、**流出してしまった油を特殊なオイルによって囲い込んで処理する方法**です。あるいは**原油そのものを燃やしてしまう物理的回収、薬剤で分解する化学的回収**などが考えられます。いずれにせよ、可能な限り迅速に除去する必要があります。

原油事故のほとんどは人災といわれます。2010年には、史上最悪レベルともいわれるメキシコ湾原油流出事故が起こりました。改めてエネルギー問題が政治・経済・社会を巻き込んだ複雑な現象と絡んでいることを思い知らされます。

メキシコ湾原油流出事故

事故概要

2010年４月20日、米国ルイジアナ州南東沖メキシコ湾にある英国BP社の石油採掘基地で爆発事故が発生し、折損した配管から膨大な原油が流出し続けた。ルイジアナ、ミシシッピ、アラバマ、フロリダの各州は同年４月30日に非常事態を宣言した。2022年の調査では、この事故を原因として、ルイジアナ州のバンドウイルカに遺伝的な悪影響（細胞の機能不全など）が見られたと報告された。

被害

エビ、カキ、カニなどの魚介類・海産物・漁業に壊滅的ダメージを与えている。それだけでなく生態系破壊、生物被害、環境汚染など被害はさらに広がりつつある。米国地質調査所（USGS）は５月27日現在で、米南部メキシコ湾の原油流出量は推計7200万リットルに達し、1989年にアラスカ沖で約4200万リットルの原油が流出したエクソン・バルディズ号の事故を超え、米史上最悪の原油漏えい事故になったことを明らかにした。被害額は数百億ドルにおよぶ。

原因

行きすぎた経費削減が原因であるとされている。たとえば、油井の中央に通す鋼管の位置決めを行う「センタリング装置」を21機配置すべきところを６機しか配置しかなかった。またBP社は、掘削時に油井にたまった泥を循環させる作業も適切に実行しなかった。その結果、油井の底に泥が残り、ガスや堆積物を吸収して、油井の土台部分のセメントがさらに弱くなった。事故当日は、油井からの噴出を目撃したにもかかわらず、作業員は作業を継続した。

映画『バーニング・オーシャン』

同事故をモチーフにした映画。海底油田から逆流してきた天然ガスの引火による大爆発で、126名もの作業員が施設に閉じ込められてしまう。原因は、経済的利益を優先させた幹部らの誤った判断。無理やり納期に間に合わせるため、掘削を強行したのだ。さらに幹部は、助けを呼ぶことを拒否したり、作業員より先に逃亡しようとしたりするなど、徹底的な悪として描かれている。一方の作業員たちがどのように被害を食い止めるのか、その奮闘も見どころだ。実際の事故映像も使われている。

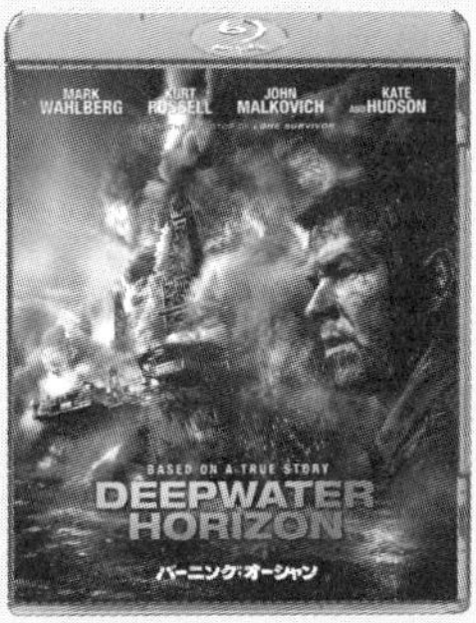

Blu-ray 2,619円（税込）／DVD 2,075円（税込）
発売元：KADOKAWA／ソニー・ピクチャーズ エンタテインメント
販売元：ソニー・ピクチャーズ エンタテインメント

31、エネルギー資源は超強力な外交カード

エネルギーに乏しい日本の手段は？

パリ協定（P.142）が制定されたとはいえ、発電に石油や石炭などの資源が必要であることは変わりありません。その点、中東などの産油国が第二次世界大戦後に独立したとき、資源の開発権は先進国に握られていました。しかし現在、中東の国々は資源を外交カードとして巧みに利用することで、先進国から自立し主権回復を目論んでいます。その潮流を資源ナショナリズムと呼びます。

とくに日本のような資源輸入国は、産油国との良好な関係が欠かせません。それだけに、外交はとても重要な手段です。そこで日本は、産油国に石油タンクを貸与したり、アジア各国に製油所を建設したりするなど、エネルギーの安定的な確保のために外交を続けています。その裏には、急発展して石油の需要が増えているアジアの消費国に資源を奪われないようにしたい、という思惑もあります。

アメリカでは、近年になって発掘されたシェールガス（天然ガス）が戦略物資として使われています。日本はアメリカと自由貿易協定（FTA）を結んでいないため、輸入するにはアメリカ政府の輸出許可を取得しなければならず、ここでも駆け引きが行われています。

とはいえ、日本とて無策ではありません。次世代のエネルギーとして期待されているメタンハイドレート（P.82）の採掘技術を磨くことで、日米の資源外交カードにしようとしています。事実、中国ではレアメタルが強力な外交カードになった事例がありました（P.112）。

資源をめぐる日本の外交

「資源外交」とは

エネルギー資源（石油や天然ガスなど）や鉱物資源（レアメタルやレアアースなど）をめぐる戦略的な外交のこと。安定供給の確保を図る資源消費国と、豊富な資源を背景に優位に立とうとする資源供給国との間で展開される。資源に乏しい日本は、環境保全のための技術開発力とその実績という違った点から、資源外交を積極的に進める必要がある。

世界・GDPに占める天然資源の利益割合ランキング

順位	国または地域	GDPに占める天然資源の利益割合
1	コンゴ共和国	73.4%
2	クウェート	55.1%
3	リビア	54.5%
4	モーリタニア	52.4%
5	赤道ギニア	51.8%
6	サウジアラビア	48.1%
7	ガボン	46.6%
8	イラク	45.9%
9	アンゴラ	42.4%
10	オマーン	41.8%
11	アゼルバイジャン	38.5%
12	ブルネイ・ダルサラーム	35.9%
13	トルクメニスタン	34.3%
14	コンゴ民主共和国	33.3%
15	ソロモン諸島	32.4%
16	カザフスタン	32.1%
17	トリニダード・トバゴ	31.6%
18	パプアニューギニア	30.1%
19	ギニア	30.1%
20	チャド	29.8%

出典：国際統計格付センター「世界・GDP に占める天然資源の利益割合ランキング」
（http://top10.sakura.ne.jp/IBRD-NY-GDP-TOTL-RT-ZS.htm）

32、天然ガスが重視される納得の理由

高コスパかつ、新技術も発見されている資源

天然ガスは石油と同様、生物の死骸が地中のバクテリアで分解され、何百万年という時間をかけて化学変化した資源です。色も臭いもありません。石油や石炭よりCO_2排出が少なく、燃焼時の発熱量が多いというメリットがあります。そのため、約６割が火力発電所で利用されます。石油価格の上昇に伴い需要が急増している資源でもあり、2030年には一次エネルギー（自然界から直接得られるエネルギー）の1/3を占めると予測されます。天然ガスは特定の地層に含まれており、とくに埋蔵量が多いのはロシアです（44兆m^3）。一方で2000年代後半には、シェールという岩石から天然ガスを採掘する技術がアメリカで登場。「静かな技術革命」と呼ばれるガス開発ブームが起き、国内需要の２割をシェールガスで賄っています。

日本においても、明るいニュースがあります。新潟県新潟市で、1958年以来およそ60年ぶりに天然ガス開発が進められているのです。もともと、新潟県の天然ガス生産量は年間で17億m^3（東京ドーム1400個分）と全国１位でした。新潟平野の地下500メートルから1000メートルにある水から採取されており、為替相場の影響を受けにくいエネルギー資源として大きな期待を寄せられています。新潟市内にて採掘を行う会社によれば、2026年までに22本の井戸を掘って天然ガスを採掘する予定だといいます。なお、天然ガスの採掘と移動には、周囲の環境を保全するという重要なタスクも含まれています。

天然ガスのメリットと未来

石炭を基準にした石油・天然ガスの排出量

	二酸化炭素	窒素酸化物	硫黄酸化物
天然ガス	60	40	0
石油	80	70	70
石炭	100	100	100

出典：資源エネルギー庁「エネルギー白書2013」第3部第4章第4節-4
(https://www.enecho.meti.go.jp/about/whitepaper/2013pdf/)

燃焼時に出るCO_2の量が、石油や石炭などの化石燃料に比べてとても少ない。光化学スモッグの原因となる窒素酸化物（NOx）の発生も少なく、ぜん息や酸性雨の原因となる硫黄酸化物（SOx）はまったく出ない。これが、環境にやさしいクリーンなエネルギーとして期待されている理由。−162℃で液体化する特性を活かし、液化天然ガス（LNG）として比較的容易に輸送可能な点もメリットだ。

天然ガスで走る車も開発されている

- 燃料系統を除き、構造はガソリン車と同じ。
- CO_2排出量をガソリン車やディーゼル車より低減。
- 窒素酸化物（NOx）や粒子状物質（PM）など、大気汚染物質の排出量も非常に少ない。
- トラックやバスなどの用途で、すでに普及。
- 天然ガスに電気モーターを組み合わせたハイブリッド車なども存在。

出典：一般社団法人日本ガス協会「天然ガス自動車とは」(https://www.gas.or.jp/ngvj/text/index.html)

33、

ロシアと天然ガス

強気な姿勢を支える豊富な資源

ロシアのウクライナ侵攻に対し、日本はG7の一員として、欧米諸国と同様に石油や石炭の禁輸措置を行いました。しかし、天然ガスだけはそうはいかないのです。ロシアの天然ガス埋蔵量は44兆m^3と世界第1位の豊富さであり、世界の追加需要を満たせる唯一の国であるためです。一方で、ロシアの採掘技術に積極的に協力していた国のひとつが日本だったことは、意外と知られていません。90年代半ばから日露4社が出資して「サハリン2」という開発プロジェクトを進めていました。結果、ロシアのサハリン島から天然ガスを採掘することに成功。さらに2017年には、ロシア北部のヤマル半島から液化天然ガス（LNG）を採掘する技術も確立したのです。そのような背景もあり、天然ガスは「ロシアひとり勝ち」の状況です。日本の輸入量も、2021年の8.8％から2022年は9.5％に微増しました。

欧州に目を向けると、ドイツは、LNGを送るロシア経由の主要パイプライン「ノルドストリーム」の供給量を6割も削減されました。現在のところ、ドイツは貯蔵分で賄いつつ、国民の自助努力や暖冬といった追い風のおかげで持ち堪えていますが、頭の痛い問題であることには変わりありません。同じ理由でパキスタンでもガス不足に陥り、民間人がパイプから盗んだガスを大きなビニール袋で持ち帰るほどの事態に陥っています。天然ガスが石油や石炭以上に世界経済を動かしている事実にも着目していただきたいと思います。

天然ガスをめぐる各国の現状

欧州の状況を理解する３つのポイント

①代替エネルギー

2022年、EUは「リパワーEU」という計画を発表した。これは、ロシア産天然ガスからの依存脱却を意図したもので、計画的に再エネ導入を加速するよう促した。結果として代替エネルギーが必要とされたため、一時的に石炭など化石燃料の使用量は増えた。だが同年、風力や太陽光などの再エネ発電量がガス発電量を抜くなど、しっかりと結果を残している。

②別の国から輸入

ロシア産天然ガスの代替として、アルジェリアが注目されている。EUの外交政策責任者ジョセップ・ボレルは2023年、アフリカ最大の天然ガス輸出国である同国との関係強化を宣言。アルジェリアが輸出する天然ガスの90％はEU向けと見られている。

③今後の展望

EUは22年３月、ロシア産天然ガスの需要を同年のうちに約2/3削減すると発表。と同時に、2030年までには同国からの輸入をゼロにするとした。しかし、リパワーEUやアルジェリアとの連携など、さまざまな施策が継続的に実を結べば、ロシア産エネルギー脱却は１、２年程度で実現できる。

日本の状況を理解する２つのポイント

①現状

ロシアからの天然ガスの輸入量は戦後も微増。また、「サハリン２」の権益も維持している。ただしプーチン大統領が運営会社を変更しようとして揺さぶりをかけてくるなど、今後のロシアの出方には読めない部分がある。

②今後の展望

現状、ロシアからの天然ガスの輸入量を減らすことはできない。事実、「サハリン２」の権益も維持したままだ。だからといって現状を維持できるかどうかはわからず、プーチン大統領が運営会社の変更を検討するニュースもあった。コスト高との兼ね合いもあり、日本のメーカーなどが苦しい状況を続けている。

34、救世主になるか、メタンハイドレート

その可能性と現状

メタンハイドレートのCO_2排出量は化石燃料の約2/3です。日本の南海トラフで1.1兆 m^3発見されたことから、日本国内で産出できるクリーンなエネルギーとして期待が高まっています。メタンハイドレートはカゴ状の水分子にメタン分子が入ったもので、低温・高圧力の状態でしか固体として存在できません。自然界では凍った状態で存在することから「燃える氷」と呼ばれ、回収方法が長年の課題でした。

しかし「減圧法」によってその課題は解決されました。減圧法とは、海底の圧力を下げて砂の中のメタンハイドレートを分解し、ガスになったメタンを取り出す方法です。ただし現時点の採掘方法で小規模開発を行うと採算が取れないので、大規模開発のための試験を行っている段階です。2013年に6日間、2017年には36日間のガス採取に成功しましたが、長期的な採掘を可能にし、実用化に至るまでには数十年かかるという試算もあります。とはいえ、海洋産出試験まで手掛けた国は日本と中国のみで、日本のメタンハイドレート採掘技術は世界の中でもトップクラスと言っていいでしょう。自国のエネルギー問題を良い方向へ導けるかどうかが、日本の技術力に賭けられています。ただし、国内のメタンハイドレートの総量は、今の日本の天然ガスの年間消費量の数倍に過ぎません。メタンハイドレートは現在も研究が進行中の資源です。思わぬブレイクスルーが生まれるとも限らないので、ゆっくりとその進展を見守りたいと思います。

もっと知りたいメタンハイドレート

メタンハイドレートの調査方法

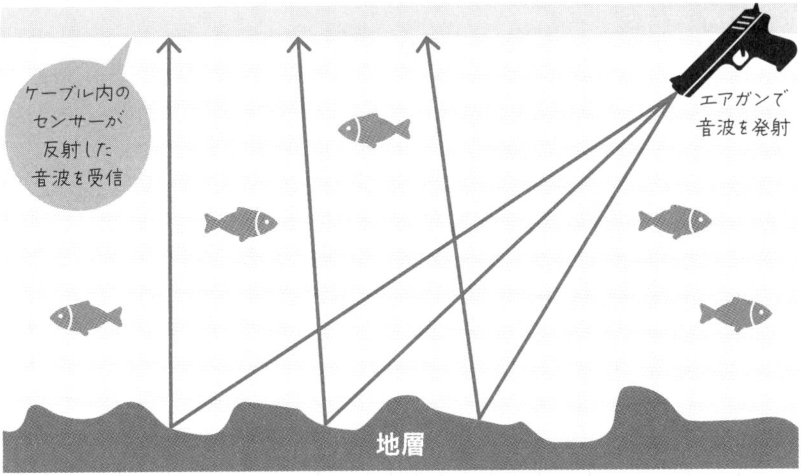

地震のような振動を人工的に発生させ、その振動を利用して調査する。海中で発生した音波は、海中から海底へ、さらに地層の中へと伝わり、海底と地層の境界で反射。海中に戻ってきた音波を記録し、そこに石油や天然ガスなどの特異な物質（流体）があると、特有の反射記録を示すので、そこにメタンハイドレートを含む資源があるとわかる。

メタンハイドレートが冥王星の謎を解く？

冥王星の内部海は、氷衛星よりも冷たく熱源にも乏しいことが知られている。にもかかわらず凍結していない点が謎とされてきた。北海道大学の研究グループは、冥王星の内部海と氷地殻の間にメタンハイドレートが存在するのではないか、と提唱。数値シミュレーションを行うことで、その仮説の正しさを実証しようとしている。

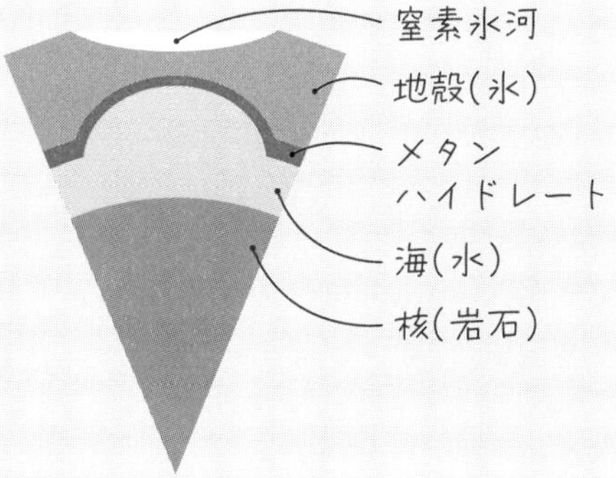

35、石炭と人類の紆余曲折

歴史ある化石燃料

石炭は18世紀後半の産業革命以降、欠かせない資源であり、燃料や化学工業、都市ガスの原料となっています。また、火力発電の燃料として日本の発電量の1/5を占めます。日本の石炭産業は、第二次世界大戦後に最盛期を迎えました。昭和30年代には年産5000万トンを超えて産出されていましたが、やがて安価な石油に代替されていきます。炭鉱を掘っていく作業は採掘効率も悪く、労働環境もよいといえなかったため、2002年までに日本の炭鉱は全て閉山してしまいました。2018年末の時点で、全世界の石炭の埋蔵量は132年分とされています（1万548億トン）。一見潤沢ですが、中国やインドなどで産業が急速に発展し、需要が一気に高まったため、価格は2007年以降急騰しています。とくに中国での生産量は30.5億トンと世界一ですが、自国の消費量が生産量を上回っている状況です。

しかし現在、脱炭素社会を目指す世界的な動きのなかで、石炭生産会社の事業拡大に対する投資も減少しています。にもかかわらず、日本を含め電力需要は高まる一方です。そのため、インドネシアなど石炭を貴重な財源としている国は、その採掘方法に頭を悩ませています。石炭は地球上に残されたエネルギー資源としては最大量を持つ物質なので、氷期と間氷期にかかわらず人類の利用は半永久的に続きます。こうした「長尺の目」でも石炭の利用を考える必要があります。

石炭と人々

「過酷な労働環境」というイメージは本当？

1930年ごろ
内気温40℃の中で1日12時間も働かされていた。逃げることも許されず、賃金の一部も搾取されていた。

1950年ごろ
戦後の民主化により賃金上昇。労働時間も8時間にまで抑えられた。ただし危険性は相変わらず高く、常に死亡事故と隣り合わせだった。

石炭は、約4億年前に生育していた植物だ。それらが枯れては地中へと沈んでいき、地熱や地圧によって変化した。地中にあるだけに採掘も容易ではない。日本における戦前の炭鉱労働者は奴隷に近いほどの過酷な扱いを受けていたが、労働者がストライキ権を持てるようになって以降は急激に条件が改善。ただし危険性は高く、1958年から1985年までの間だけで、2ケタの死亡者が出た事故が13件も起こっていた。

日本では廃れたが、現在石炭バブルに湧く国も

ロシア（世界3位の石炭輸出国）によるウクライナ侵攻 → 欧米の経済制裁の一環として、石炭も禁輸品目に → ロシア以外の石炭調達先を探す流れの中で価格が高騰

→ **国家収入は過去最多に！**

インドネシアにとって石炭は生命線ともいえる産業だが、欧州への輸出はコスト上の理由で避けられてきた。しかし、ロシアのウクライナ侵攻に端を発した経済制裁が、大きな転換になる。2021年春には、冬前に石炭を確保したい欧州の国々から、インドネシアに調達の問い合わせが相次いだ。昨年、欧州向けに輸出された石炭は約660万トンだったが、2023年には約1500万トンにのぼる見込みだという。

36、原子力とは何か

未来のエネルギーの超・基礎知識

原子力とは、原子を変化させることで出てくるエネルギーのことですが、そもそも原子とはなんでしょう。

私たちの身の周りにあるすべての物質は、原子という小さな粒の集合体と言い換えることができます。原子の中心には原子核があり、その周りをいくつかの電子が動き回っています。原子核は陽子および中性子と呼ばれる粒子で構成されており、20世紀中頃まではこれら電子・陽子・中性子が宇宙で最も小さな粒子だと考えられていました。しかし、1963年にアメリカのマレイ・ゲルマン（1929～2019）によって、中性子と陽子はもっと小さな３個１組の粒子である「クォーク」からなるという考えが提唱され、その後広く認められました。ゲルマンはこの功績により、1969年にノーベル物理学賞を受賞しました。

そんな原子は通常、原子核内の陽子（正の電気を持つ）の数と原子核の周りを回る電子（負の電気を持つ）の数が同じ状態、つまり電気を帯びていない状態（プラスマイナスゼロ）で安定しています。

原子核はさらに陽子と中性子に分けることができますが、この２種類は核力という非常に強い力で結び付いています。原子核が２つ以上に分かれる現象を核分裂といい、軽い原子核が融合してより重い原子核になることを核融合といいます。核分裂や核融合が起こるとき、非常に大きなエネルギーが放出されます。それが原子力なのです。

原子力とその技術利用

原子とは何か

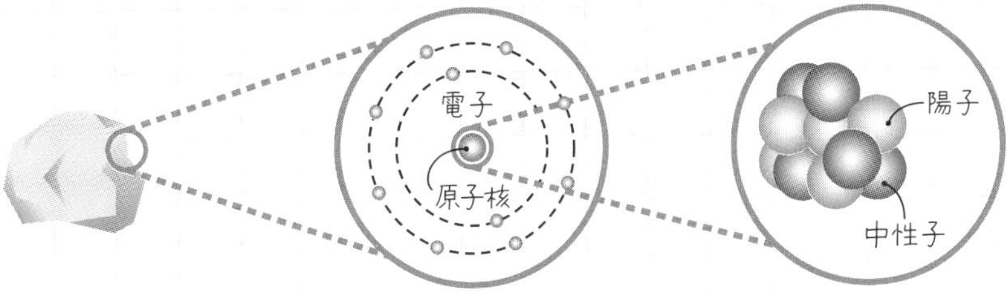

この世に存在するすべての物質は、「原子」の組み合わせから構成されている。原子は約1億分の1cmの大きさで、「原子核」とその周りを動く「電子」からできている。原子核は約1兆分の1cmという大きさで、「陽子」と「中性子」からできている。

原子力とウラン

原子力発電に必要なウランという原子は、原子核が大きく核分裂に適している。地球上においてウランは決して珍しいものではなく、地球上のあちこちにある花崗岩などに含まれている。また、繰り返し使えることから少量のウランで大量のエネルギーを得ることができる。原子力は人間が独自に開発したエネルギーなので、自然界に競合相手がいない。また、利用する際にCO_2も排出することがない。一方で、安全性の面や、放射能を出す廃棄物（放射性廃棄物）の取り扱いには万全な解決策が出ていないというのが現状だ。原子力も他のエネルギー資源と同様に公益と環境という2つの課題達成が横たわっている。

原発と原爆はどう違う？

原子力発電

燃えやすい（核分裂しやすい）「ウラン235」の割合を3～5％に、核分裂しにくい「ウラン238」を97～95％にして、原子炉の中で制御しながら核分裂させていく。制御棒が多数設置されており、自己制御性があるため、急激に核分裂数が増加することはない。

原子力爆弾

燃えやすい（核分裂しやすい）「ウラン235」の割合がほぼ100％。核分裂反応を制限・制御せずに、連続して起こすことで、大量のエネルギーを瞬時に発生させる。自己制御性がないため、一度核分裂が起こってしまったら止められない。

誰もが忘れている「どこに捨てるのか」問題

資源の発掘と違い「資源を使った後の廃棄物をどう捨てるのか」という問題はあまり議論されません。新潟県長岡市では、2003年から2005年にかけて、深さ約1100mの地下にCO_2を埋める実験（二酸化炭素地中貯留技術研究）が行われました。天然ガスは地下から掘り出すものなのだから、同じように気体であるCO_2を逆に地下に埋めることもできるだろう、そうすれば大気への放出量が減るのではないか、という予測です。この実験で、1日あたり20〜40トンのペースで計1万トンのCO_2を地中に閉じ込めることに成功しました。

埋めるべき廃棄物は他にも多々ありますが、とくに考えなければならないのが原子力発電所で発生する放射性廃棄物です。具体的な処理方法を決める前に建設されてしまった原子力発電所は、しばしば「トイレなきマンション」と呼ばれていました。放射性廃棄物は、廃液をガラス原料と混合融解してステンレス容器に封入し、300m以上深い地下に埋めなければならないことが法令で決められています。一方、地震が多く安定した地盤が少ない日本列島で最適の場所を探すのは難しく、将来の安定した電源を確保するための重要な課題として、地球科学的な視点からの研究が行われています。このように地下を掘ることは、有用な資源の採掘だけでなく不要なものを閉じ込めることにも非常に役立つのです。

第3章

鉱物資源

最先端のテックを左右する資源

37、鉱物資源の基礎知識

鉱物資源は日本で採れるのか

地下に埋蔵されていて、かつ人間にとって有益な鉱物（自然に形成される無機質の結晶）を「鉱物資源」と呼びます。

人類にとって最も身近な鉱物資源は鉄です。**地球の核の約８割は鉄で、地球全体の重量の３割**を占めています。鉄が含まれている鉄鉱石の可採埋蔵量は１兆トン以上。とびぬけて豊富な資源です。鉄はさびて（＝酸化して）自然に返っていく点と、溶かすことでリサイクルできる点から地球に優しい資源といえます。鉄を除くすべての金属は非鉄金属と呼ばれ、３つに分けられます。埋蔵量・産出量が多く産業や日用品に幅広く使われているアルミニウムや銅などのベースメタル、金や銀などの埋蔵量が少なく高価なプレシャスメタル、さらに埋蔵量も使用量も少なく、電子部品などの材料に使われるレアメタルです。

現在の日本は、すべての鉱物資源を輸入に頼っています。そのため、資源国から安定的な供給を確保できるかどうかが大きな課題とされていました。現在、日本周辺の海底に鉱物資源が多数存在しているとみられ、技術開発を続けています。近年、世界で初めて海底の海底熱水鉱床の鉱石を連続して揚げることに成功してもいます。海底熱水鉱床とは、海底から噴出する熱水に含まれる金属成分が沈殿してできる鉱物資源だまりのことです。経済的な採算性をどのように達成するかという問題はまだ残っていますが、鉱物資源をわずかしか持たない日本にとってこの新技術は夢のあるニュースには違いないでしょう。

鉱物資源をもっと知る

頻出するワード

鉄

青銅と同様に古くから人類が利用してきた。その起源ははっきりとはわかっていないが、一説によれば、山火事などによって溶け出した鉄鉱石を偶然発見したことによると言われている。

ベースメタル

レアメタルに該当しない金属の総称。鉄や銅をはじめ、亜鉛、錫、アルミニウムなどがよく知られている。埋蔵量も産出量も多く、精錬もシンプルなので利用しやすい。レアメタルよりも長い歴史を持つ。

プレシャスメタル

金75%以上の高純度の金合金のこと。変色しない特徴を生かし、歯科用金属などに利用されることが多い。金の純度が高過ぎると変形しやすい。

レアメタル

P.98も参照。地中に埋蔵されている量が比較的少なく、希少である。また、採掘と精錬のコストも高いため、流通量も限られる。現代産業をさまざまな面で支えている。

鉱物資源はこうやって運用されている

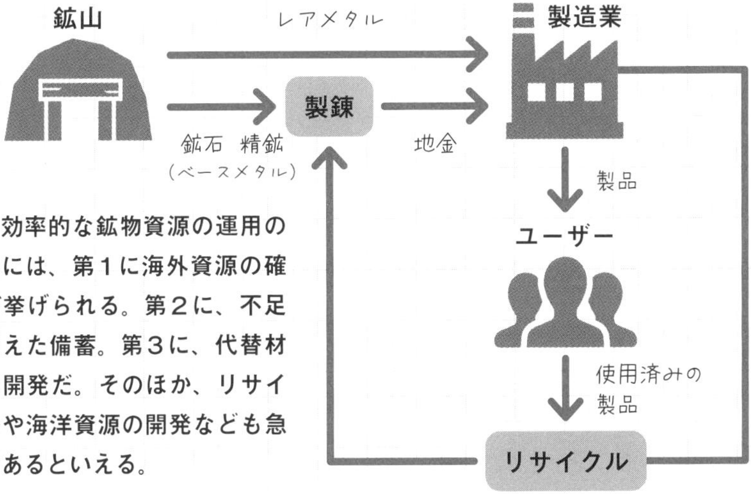

より効率的な鉱物資源の運用のためには、第1に海外資源の確保が挙げられる。第2に、不足に備えた備蓄。第3に、代替材料の開発だ。そのほか、リサイクルや海洋資源の開発なども急務であるといえる。

出典：経済産業省資源エネルギー庁「世界の産業を支える鉱物資源について知ろう」
(https://www.enecho.meti.go.jp/about/special/tokushu/anzenhosho/koubutsusigen.html)

38、なぜ電線泥棒が増えたのか

泥棒が“稼げる”ようになった電線の中身とは

銅の価格が高騰しています。その原因をたどると、意外にも新型コロナウイルスのパンデミックに行きつくのです。**コロナ禍対策で打ち出された巨額の財政支出や金融緩和の継続によりインフレを招くとマーケットで懸念され、比較的インフレの影響を受けない資産である銅に注目が集まった**からです。銅はパソコンや携帯電話などの電子部品に使われるほか、脱炭素化が進められる中で電気自動車の部品としての期待が高まっています。また、産銅国であるチリやペルーでの資源ナショナリズム（P.76）的な動きが意識されたことと、中国がパンデミックから経済復活を遂げたことにより、取り合いの状態に。結果、2021年３月の銅価格は2016年に比べて約２倍にまで跳ね上がり、同年５月には10年ぶりに史上最高値を更新しました。

同時に急増しているのが、工事現場などに忍び込み銅が入っている電線を盗むケーブル盗難事件です。工事現場や資材置き場、工場などから盗まれた電線が現在、高額で転売されています。埼玉県内では2021年、警察が把握しただけで91件もの盗難がありました。2022年は１～６月だけで77件、７～11月にも50件近くの被害があるなど、深刻な事態となりつつあります。被害額も大きく、同年10月には165万円ぶんの銅線ケーブルが盗まれる事件もありました。実は、世界をめぐる銅の需給のバランスが、こうした身近な問題にも関わっているのです。

銅線の「なぜ」を解消する

上がり続ける銅相場

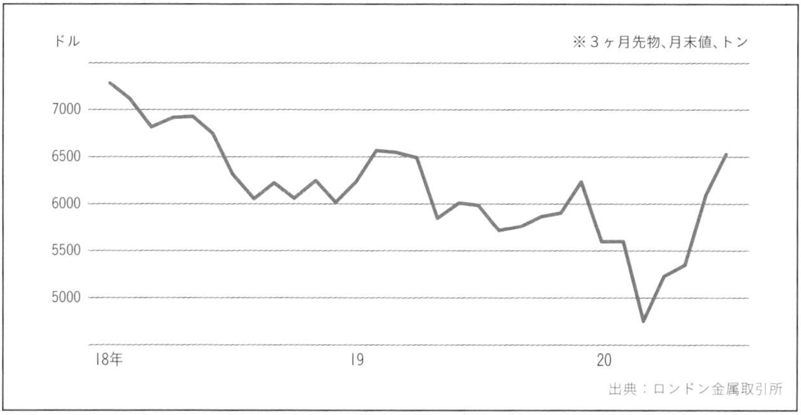

なぜ電線に使われるのか

金属	電気伝導率
銀	105.7
銅	100.0
金	75.8

その理由は、低コストと高い電気伝導率を両立させていること。柔らかく加工もしやすいため、銅は、多くの電化製品や建築物、調理器具などに用いられている。銀も同様のメリットを持つものの、採掘コストがかなり高く、大量生産には向かない。

被害を防ぐには

とりわけ被害額が大きいのは太陽光発電施設だ。その理由は、民家や人通りが少ない郊外に作られることが多いため。また、太陽光パネルで死角ができ、そのぶん不審者が侵入しやすくなっていることも大きい。この問題に対しては、銅線をしっかりと隠しておき、防犯カメラを目立つ場所に設置した上で、人感センサー付きのカメラを使用するなど、防犯意識を高めていくことで対処していくほかない。

39.

私たちの快適な生活の裏側にある苦しみ

劣悪な労働環境の産物

私たちが日用品を使えるのは、原料の採掘をしている人たちがいるからです。それを担うのは、主に南米のグローバル・サウスと呼ばれる地域の人々。たとえば、美容品や文房具にも使われているプラチナは、南アフリカ地下800mの白金鉱山で採掘されます。労働の過酷さから、ストライキや暴動などで死者が出ているうえに、廃棄物処理の問題もあります。また、電池などに欠かせないリチウムは、主にチリのアタカマ塩湖で採掘されます。その平均標高は約2000m。健康管理が難しいことはもちろん、山賊が出るなどの危険とも隣り合わせです。

コンゴ民主共和国からザンビア北部間には、カッパーベルトという鉱山地帯があります。ここでは、スマートフォンやノートパソコン、電気自動車の電池に欠かせないコバルトを採掘しています。子どもから大人まで手作業で採掘し、1日に稼げる額は1人1ドルほど。劣悪な大気の中で咳をしながら働いており、女性の性犯罪被害も報告されています。そのほか、私たちが着るファスト・ファッションの服は主にバングラデシュで作られますが、その縫製工場では、2013年に崩壊事故が起こり、1000人以上の死者を出しました。

このように、**私たちの見えないところで働いている人々の犠牲が増えるにしたがって、大企業の利益が上がる仕組みになっている状況**が平常運転になってしまっているのです。ここにも資源を支える経済と環境の両立という古くて新しい難問が横たわっています。

グローバル・サウスの定義と困難

グローバル・サウスの３つの定義

❶ **グローバル資本主義によって不利な状況に陥る国々を指す。かつての「第三世界」に代わる呼び名。**

❷ **あくまで豊かさによって定義される。地理的に南半球(サウス)であっても、経済的に豊かであれば含まれない。**

❸ **互いの困難を共有し合う、南の国々のコミュニティーを指す。**

グローバル・サウスの３つの困難

①貧困

サブサハラ・アフリカ地域の絶対的貧困率は41.1パーセント。しかし食糧問題だけに限ると次のような試算もある。イギリスの経済学者ケイト・ラワースによれば、現在の総供給カロリーを１％増やすだけで、８億5000万人の飢餓を救うことができるという。

②環境

資源採掘はもとより、汚れたプラスチックを輸入することによる問題も多発。大気汚染、水質汚染、ごみ処理問題など、環境面での負荷も大きい。すでにグローバル・サウスへの押しつけや外部化も限界を迎えており、その兆候は先進国にも表れ始めている。

③人権

過酷な労働によって人権が侵害されている点も大きな問題だ。2019年には、アメリカの人権保護団体が、アップルやテスラなど５社を提訴。リチウムイオン電池の原料であるコバルトの採掘現場で、児童労働がなされているとしたためだ。

40.

鉄鋼産業を支えているのはまさかの微生物!?

鉄鋼産業の起源は27億年前

あらゆる現代産業を支えている鉄は、酸化鉄である鉄鉱石から酸素を取り除いて作られます。酸化鉄とは、酸素と鉄が結びついたもので、わかりやすいものだと鉄の「さび」のことです。

ほとんどの鉄鉱石は、「縞状鉄鉱層《しまじょうてっこうそう》」と呼ばれる特定の地層に含まれています。酸化鉄に富む層とシリカ（二酸化ケイ素を中心として構成される物質）に富む薄い層が交互に重なって縞模様に見えるため、そう名付けられました。そんな鉄鉱石もまた、気の遠くなるような年月をかけて作られました。

遡《さかのぼ》ること約46億年前、原始地球では酸性雨が降り注ぎ、地球上の鉄分はみな海水に溶け込んでいる状態でした。長い時がたち、現在から約27億年前まで来ると、初めて光合成を行う原始的な生物、シアノバクテリア（藍色《らんしょく》細菌）が登場します。このシアノバクテリアが盛んに光合成を行った結果、酸素が生まれます。その酸素は海中に溶け込み、やがて大気中に放出されていきました。シアノバクテリアが出した酸素と海中に溶けた鉄イオンが反応してできた酸化鉄が沈殿して、長い年月をかけてできたものが縞状鉄鉱層です。つまり、**鉄鉱石はシアノバクテリアという微生物が作り出したものだったのです**。シアノバクテリアの子孫は現在も生きていて、オーストラリアのシャーク湾などでシアノバクテリアと泥などが混ざった構造物、ストロマトライトを観測することができます。

鉄の知識

◎美しい縞状鉄鉱床

原生代の海にシアノバクテリアがいた → 光合成で海水中の鉄分が酸化 → 水酸化鉄として沈殿 → 地層中で脱水変化して赤鉄鉱化

現代社会を支えている鉄がはるか太古に生まれた微生物だという事実に、非常にロマンを感じるのではないだろうか。「縞状鉄鉱層」で検索をすると、途方もない年月をかけて形成された美しさに驚かされる。ぜひ一度、ネットでもチェックしてみてほしい。

◎そもそも鉄は、なぜ硬い？

「鉄鋼」は「鉄」という言葉と「鋼」という言葉が組み合わせられている。しかし、この２つはどこが違うのだろうか。それは、炭素をどれくらい含んでいるか、による。鉄材の中に、炭素が0.04〜2.1%（重量比）含まれていると鋼（はがね、こう）と呼ばれるのだ。そんな鋼は、炭素の含有量によって５つの硬さに分けられるが、それ以下の含有量であるものを「鉄」と呼ぶ。鉄と炭素が結合すると「セメンタイト」という化合物となり、これが、鉄を堅くする。ただし、炭素の含有量が2.1%を超えてしまうと性質がまた変わってしまう。多ければ多いほど硬くなるわけではないのだ。

◎日本国内で需要減もＶ字回復＆海外でも需要増

国内の鉄スクラップ需要の年次推移

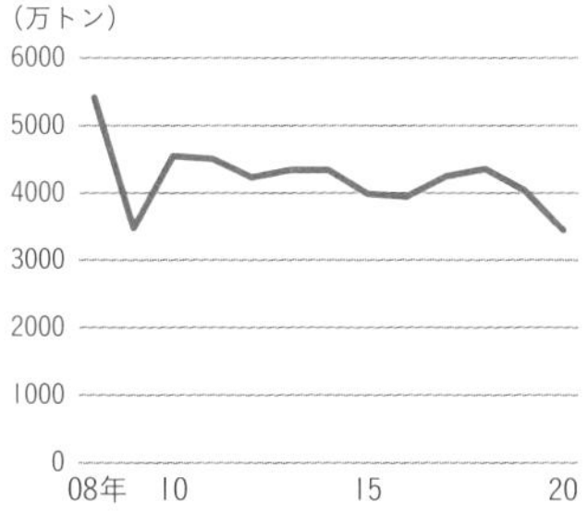

コロナ禍による煽りを受け、2019年には最大手の日本製鉄が4315億円という過去最大の赤字を計上。しかし、20年の後半以降は自動車や電化製品といった製造業が好調になり、それとともに劇的なＶ字回復を見せた。日本国外を見てみても、発展途上国の開発によるニーズの拡大と、中国の建設業の盛り上がりによって、鉄はますます人類にとって欠かせない鉱物資源となっている。

出典：WEB産業新聞「20年国内鉄スクラップ　需給とも3500万トン割れ　リーマン以来の低水準」
(https://www.japanmetal.com/news-to20210303104295.html)

41、レアメタルの基礎知識

未来に欠かせないのに、問題が山積みのレアな資源

レアメタルはパソコンや電気自動車、ミサイルなど社会や産業に大きな影響を及ぼすデジタル製品に利用されます。特に**電気自動車の価格は1/3がレアメタルを原料としたバッテリーによって占められる**ため、レアメタルの価格が電気自動車の量産や製造の可否を大きく左右します。

また、各国の政策的にも重要です。その一面を極端に表している国が、中国です。中国は世界のレアメタルの生産の大部分を担っています。そんな同国は2020年12月、「輸出管理法」を施行しました。もしレアメタルの禁輸を実行されたら各国は非常に困ります。実際、2010年に中国は日本との尖閣諸島をめぐる争いで、レアアースの禁輸制限を実行したことがあります。さらに2019年には米中貿易摩擦の際に輸出規制を示唆するなど、キナ臭い状況にあったのです。

そのほかにも問題はあります。先進国から押し付けられる形でレアメタルを大量生産している地域は環境汚染が進んでいることです。一部は「癌の村」とまで呼ばれるような健康被害が出ています。

そんな中、宇宙ではとんでもないことが起きていました。**推定価格５兆4000億ドル相当のレアメタルなどの鉱物資源を含む小惑星が発見された**のです。安定供給への道のりが険しいものの、必要不可欠な資源。そうした存在の元素を、地球科学を駆使し新技術を開発することでいかに確保するかが、これからの大きな課題です。

レアメタルの一覧と使い道

◎ レアメタル

レアメタルは、地球上に存在する量が極端に少ない、または技術的・経済的な理由で抽出が難しい金属のうち、安定的に供給することが“政策的に重要”であるもの。

◎ レアメタルの一覧

リチウム [Li]	ベリリウム [Be]	ホウ素 [B]	希土類 ※下図参照	チタン [Ti]
バナジウム [V]	クロム [Cr]	マンガン [Mn]	コバルト [Co]	ニッケル [Ni]
ガリウム [Ga]	ゲルマニウム [Ge]	セレン [Se]	ルビジウム [Rb]	ストロンチウム [Sr]
ジルコニウム [Zr]	ニオブ [Nb]	モリブデン [Mo]	パラジウム [Pd]	インジウム [In]
アンチモン [Sb]	テルル [Te]	セシウム [Cs]	バリウム [Ba]	ハフニウム [Hf]
タンタル [Ta]	タングステン [W]	レニウム [Re]	白金 [Pt]	タリウム [Tl]
ビスマス [Bi]				

◎ レアアース（P.100参照）の一覧

スカンジウム [Sc]	イットリウム [Y]	ランタン [La]	セリウム [Ce]	プラセオジム [Pr]
ネオジム [Nd]	プロメチウム [Pm]	サマリウム [Sm]	ユウロピウム [Eu]	ガドリニウム [Gd]
テルビウム [Tb]	ジスプロシウム [Dy]	ホルミウム [Ho]	エルビウム [Er]	ツリウム [Tm]
イッテルビウム [Yb]	ルテチウム [Lu]			

42. レアアースの使い道

脱炭素、軍事・外交のカギになる資源

レアアースとはレアメタル（P.98参照）の一部で、17種類の金属元素の総称です（右図参照）。元素とは、物質を構成する基礎的な成分を表す記号のようなものと考えてください。**レアアースは、電気自動車や風力発電のタービン、自動車用の排ガス浄化などに使われており、脱炭素社会には欠かせない存在**です。ごく少量で製品の質を上げることができるため「産業のビタミン」と呼ばれています。

一方で、難点もあります。産出量が少なく抽出も難しいため、無尽蔵に使うことはできないのです。また、用途にも負の側面があり、軍用ドローンやミサイルなどの軍事品に欠かせない資源として知られています。いずれにせよ、国際社会で存在感を示すための重要なカギとなることは間違いなく、世界中で争奪戦が繰り広げられています。

そんなレアアースが集中している“羨ましい”国が、P.98同様に中国です。**世界中のレアアースの５～９割は中国に集中している**と推計されています。実際に、アメリカは2017～2020年のあいだ、レアアースの78％を中国からの輸入に依存してきました。しかし、米中対立が激化するにつれ、自国での生産網を強化する方針を2021年２月に固めました。

「なぜこの国は強硬的なのだろう」と考える際に、外交カードとしてのレアアースの存在を知っておくと、国際ニュースがより深く理解できるかもしれません。

レアアースの効能と一覧

レアアースの凄さ

レアアースの強みは、少量でも耐熱性や強度といった特性を高められること。これにより、製品の小型軽量化や省エネ化、環境対策に有用となる。ただし、採掘に際しては、その過程で化学物質排出されるため、適切な処理が不可欠。不適切な処理がなされると、土壌や地下水、地表水などの汚染を引き起こす可能性がある。とりわけ環境汚染の拡散問題は大きく、レアアースをめぐる最大のリスクとなっている。

レアアース一覧

元素記号	読み方	用途
Sc	スカンジウム	アルミニウムの耐熱性や強度を高める
Y	イットリウム	LEDなどに使われる
La	ランタン	高屈折率ガラスに使用されている
Ce	セリウム	板ガラス研磨、レンズ消色など
Pr	プラセオジム	磁石、顔料、光ファイバーへの添加材料など
Nd	ネオジム	携帯電話関連、ハードディスクドライブなど
Pm	プロメチウム	放射性が問題視されるまでは夜光塗料
Sm	サマリウム	試薬、がん治療剤や痛み緩和剤の材料
Eu	ユウロピウム	ブラウン管、有機ディスプレイの蛍光体、蛍光インクなど
Gd	ガドリニウム	磁石、電気部品の製造に使用
Tb	テルビウム	光磁気記録やネオジム磁石への添加材料、原子炉の制御材料
Dy	ジスプロシウム	光磁気記録やネオジム磁石への添加材料、原子炉の制御材料
Ho	ホルミウム	分光光度計の調整、色ガラス、ホルミウムYAGレーザーへの添加材料
Er	エルビウム	光ファイバーへの添加材料、色ガラス、YAGレーザーへの添加材料
Tm	ツリウム	光ファイバーへの添加材料、放射線量計の成分
Yb	イッテルビウム	ガラスの着色料やレーザーへの添加剤、コンデンサ、触媒
Lu	ルテチウム	年代測定、放射線治療、セラミックスの耐熱性の向上

43、あなたが捨てたガジェットは、宝の山

都市鉱山の可能性

2021年、日本最東端にある南鳥島周辺の海底で、コバルトなどのレアメタル採掘の商業化を進める方針が政府から発表されました。明るいニュースですが、もっと身近な場所にもレアメタルは眠っています。それは、使用済みの電子機器の内部です。リサイクルすれば膨大な資源が手に入ることから、「都市鉱山」と呼ばれています。たとえば、廃棄された携帯電話なども都市鉱山です。**携帯電話には、金や銀のような貴金属のほかに、20種類ものレアメタルが使われています**。また、都市鉱山で得られるレアメタルは加工済みのため、天然の鉱石より高品位であることが多いのです。また、埋蔵量が明確なため、探索の必要もなく、省エネルギーで高品位のレアメタルを手に入れられます。加えて、鉱山開発による環境破壊も回避できます。

2022年、環境省は都市鉱山から回収して再資源化する量を2030年度までに倍増させる方針を立てました。対象は、リチウム、ニッケル、コバルトなどのほか、銅や亜鉛などです。経済発展が著しいアジア諸国では、電子機器の廃棄が増えて環境汚染が深刻になっています。環境省は、そのようなリサイクル技術が乏しい国の政府と連携して輸入ルートを確保し、国内のリサイクル事業者に施設の向上を資金面で支援することで資源獲得を図っています。都市鉱山はまさに資源小国である日本の重要な切り札です。その発想は以前からありましたが、資源価格が大きく変動し始めてからさらに重要性を帯びてきました。

都市鉱山は資源小国を救うか

◎スマホ１台にもたくさんの金属が含まれる

- ネオジム
- ジスプロシウム
- インジウム
- 金
- 銀
- 銅
- スズ
- タンタル
- マンガン
- ニッケル
- バリウム
- チタン
- パラジウム
- リチウム
- コバルト

スマートフォンを１台（100〜200g 程度）作るのに、その1000倍ともなる135キログラムの資源が必要だ。その内訳は、CPU やメモリのほか、精密機器の埃を流すための水、外装に使うガラス類やプラスチックなどさまざま。とりわけレアメタルは、すでに確認したように簡単には採掘できない。そこで都市鉱山がますます注目されている。

◎都市鉱山の難点

経済産業省と環境省は「リサイクルを重点的に検討すべき５鉱種」として、ネオジム、ジスプロシウム、コバルト、タンタル、タングステンを挙げている。実際に、リチウム電池や磁石、コンデンサ、超硬工具などのリサイクル技術開発を推進している。
しかしながら、製品ライフサイクルの早さと「リサイクルしたものが実際に使えるかどうか」にギャップが生まれる点も考えられる。かつ、重要なレアメタルほど省資源化や代替技術が進む点も、難しいところだ。そのため、都市鉱山を役立てていくためには、技術的な面はもちろん、近い将来どのレアメタルが代替され、どれが代替されないのか（リサイクルすることが有用なのか）をしっかりと予測していくことも同時に求められる。

44、金VSプラチナ

「美しさ」という価値

　鉱物資源のなかには、エネルギーとはあまり関係ないものの、古くから人類が親しんできたものがあります。それが金とプラチナです。金は人類が最も古くから認識している金属で、光沢のある金色の美しい見た目をしています。プラチナは白金とも呼びますが、金とは別の金属で、銀白色に輝き白い光沢を放ちます。両者ともその輝きから、指輪やネックレスなどの宝飾品として知られています。

　両者の違いとして、**金の80%は宝飾品に加工されるのに対し、プラチナは60%が自動車などの工業製品に加工され**ます。

　また、金の産出量は年間4000トンですが、プラチナは年間200トンと少なく、これまで人類が採掘してきた量もプラチナは金の1/30の約7000トンです。金は世界各地で採掘することができますが、プラチナは南アフリカやロシアなどの限られたところでしか得ることができません。このように、プラチナはとても希少な金属と言えます。

　その希少性から、金よりプラチナの方が資産価値が高かったのですが、2011年以降、金の価格がプラチナの価格を上回る逆転現象が起きました。プラチナは工業製品に加工されることが多いため、景気に左右されやすく、株式と似たような動きで価格が推移します。一方で、金は宝飾品としての需要が高いため市場が安定しているのです。

　美しい鉱物であるという点では同じ金とプラチナですが、資産価値という視点で見るとまた違った面白さが見えてくるでしょう。

金とプラチナだけじゃない貴金属

◎全部で８種類

名称	元素記号	特徴・利用
金	Au	もっとも薄く伸ばすことができる金属。有史以前から使われていた
銀	Ag	高い熱伝導率と電気伝導率を持つ
プラチナ	Pt	観賞用だけでなく、自動車の排ガス浄化装置の触媒に使われる
パラジウム	Pd	水素を吸収する性質を利用し、燃料タンクなどに使われる
ロジウム	Rh	主に排ガスの浄化に使用される
ルテニウム	Ru	排ガスの浄化のほか、ジュエリーにも使われる
オスミウム	Os	四酸化オスミウムとして、実験用の試薬に用いられる
イリジウム	Ir	腐食しにくく、非常に硬い。万年筆のペン先やコンパスなどに使用される

◎現代における金やプラチナの価値

通貨は、戦争や大恐慌で一気に価値がなくなってしまうリスクがあるが、金にそのような危険はなく、常に価値がある。そのため、リスク緩和として資産の一部を金に変えている資産家も多い。ただし、デメリットもある。株などと違って配当金などを生み出さない点や、物理的に管理しなければならない点などだ。

45、

「世界的な半導体不足…」って、そんなにヤバイの？

よく聞くけどよく知らない、半導体のイロハ

半導体とは、電気をよく通す導体（金属など）と電気を通さない絶縁体（ゴムなど）の間の性質を持ち、流れる電気の量をコントロールできる物質のことです。集積回路（さまざまな電子部品を超小型化して、小さなシリコンチップの上に載せたもの）の材料で、スマートフォンや自動車、テレビや炊飯器などコンピューター制御を必要とするあらゆる電化製品に使われています。半導体の材料として一般的なのが、シリコン（silicon）です。シリコンは珪石《けいせき》という岩石から採取されます。世界の半導体の87％は台湾、韓国、中国で生産されており、シェアが非常に偏っているのも特徴です。ちなみに、ゴムパッキンやリモコンのボタンなどに使われているゴム状のものは「シリコーン」（silicone）と呼ばれる別物です。

最近では半導体不足が叫ばれていますが、これにはいくつもの原因があります。主な原因は**新型コロナウイルスの流行**です。ステイホームの影響でゲーム機やタブレット学習のために家電の需要が増大しました。**コロナ禍は物流にも影響し、世界の電子機器の約90％が経由している中国・深センの塩田港が閉鎖されてしまった**のです。それに加えて、半導体の生産には大量の水が必要ですが、大量のシェアを抱える台湾で干ばつが起きてしまいました。今すぐ半導体を生産したいところですが、半導体のチップを作る工場を建てるには約100億ドルかかることもあり、しばらく供給が不安定な状態は続きそうです。

半導体の特性と今後の展望

◎ 3つの特性

①電気エネルギーを光に変換

半導体は、電気エネルギーを光に変換できる。この特性が、LED や有機 EL などに生かされている。電子工作としても人気が高い。電子エネルギーの大きさなどで、放出される光も変化する。

②光エネルギーを電気に変換

光を電気に変換できるのも、半導体の特徴だ。近赤外線や可視光などの光エネルギーを電気エネルギーに変換することで、赤外線通信、リモコン、マウスの受光、CD や DVD の読み込み、スキャナーなどに利用される。

③電流の制御

半導体そのものは電気を通しにくいが、添加物を与えることで電気を通すことができる。その特性を利用して、デバイスにおける電気のオンとオフをスムーズに切り替えることができる。

◎ 右肩上がりの需要

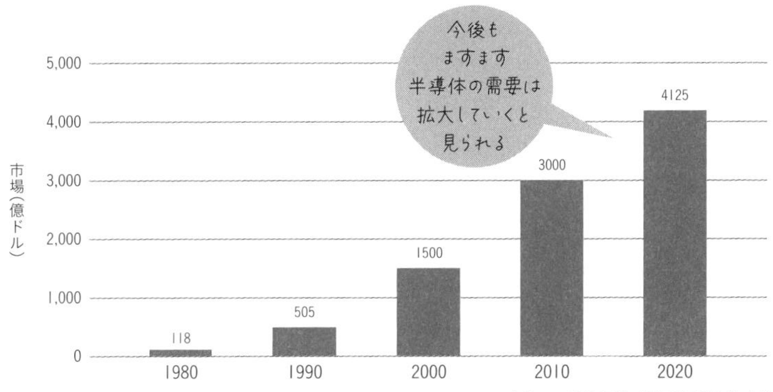

出典：一般社団法人電子情報技術産業協会（https://www.jeita.or.jp/japanese/stat/wsts/index.html）、SEMI（https://www.semi.org/jp）

46、海底資源の可能性

第三のダイヤモンドが眠っている

日本は周りを海に囲まれています。もし、資源を海から採取することが可能になれば資源大国になれるかもしれません (P.118)。

日本が自給している唯一の鉱物が石灰石です。おもに建設用のセメントやコンクリートの骨材に使用されていますが、実は“古代の海からの贈り物”です。海中のサンゴや石灰藻、コケなどが長い時間を経て石灰岩になり、プレート運動によって地表に現れたのです。

また、最新の研究により、金が海底から採れることがわかりました。**伊豆諸島周辺の海底から噴き出した熱湯が流れを作り出し、地下から金を集めていた**のです。原始的な藻である「ラン藻」を使った特殊なシートを海底に沈め、金を吸着する実験がスタートしています。

金だけではありません。海底からダイヤモンドを採掘している企業もあるのです。ダイヤモンドは通常、鉱山で採掘されますが、**雨風で地層ごと川に流されて海底に辿り着いたものを専門のダイバーを雇って採掘**しています。これが「第3のダイヤモンド」として加工・販売されています。ほか、船舶や潜水艦の監視や環境の変化を測定するために、海中に小型のセンサーやモニターを大量に設置し、人工衛星経由で海の動きを計測しようとする研究が注目されています。海底資源の探索へ応用されることも期待できる研究です。海底資源の探査は、石油や天然ガスなどに限りません。こうしたレアな物質の探索も含まれます。ここでも新しい技術が展開されようとしています。

なぜ海底に注目するのか

日本の海は大きな可能性を秘めている

日本の排他的経済水域（EEZ：他国に干渉されずに利用できる水域のこと）の広さは世界第6位。そのぶん、海底資源も豊富にあると予想されている。とりわけ、銅や亜鉛、金や銀といった鉱物に注目が集まっており、2008年の海洋基本計画では、2018年の商業化を目指す方針が盛り込まれた。結果、完全な商業化は叶っていないものの、2018年には世界初の連続揚鉱（海底鉱床を掘削し、それを集めて水中ポンプで洋上に揚げる）に成功した。

期待されるテクノロジー

水深200mより深いところを深海と呼ぶが、海底鉱山は水深5,000mを超える。その場合かかる気圧は約500気圧で、大きな機械を投入したところで、とても対えられない。そのため従来、ワイヤーの先端にサンプリング装置を付ける程度が限界だった。これでは採取量もごくわずかなので、商業ベースで採掘することは困難だとされていた。そんな中、画期的な資源採掘システムも現れている。これは、水の電気分解装置とガス噴射装置を搭載した収集機を回収船から海底に吊り下ろし、水素ガスと酸素ガスを発生させるというもの。ガスの浮力で、海底資源を含んだ泥を浮上させ、回収するという。

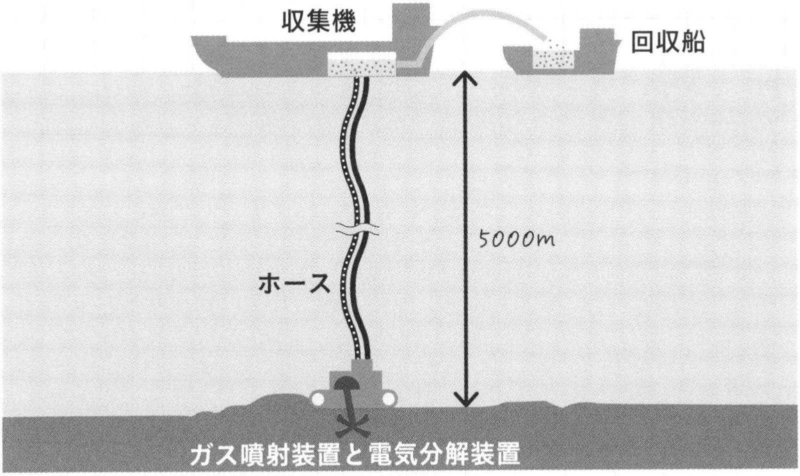

出典：海底資源開発株式会社（https://airdanshin.co.jp/house/kaitei kaitei/）

47、夢の酸化ガリウム

日本が半導体シェアのトップに!?

日本の企業「ノベルクリスタルテクノロジー」は2021年12月、世界初のダイオード（電気の流れを一方通行にする部品）を発表しました。酸化ガリウム（Ga_2O_3）を使用した、次世代型パワー半導体（右図参照）が搭載されているのです。電気自動車など大きな電流や電圧を制御する場面で使われます。すでに開発されているのはシリコンカーバイド（SiC）、窒化ガリウム（GaN）によるものです。そこに現れた新星マテリアルが、酸化ガリウムなのです。**酸化ガリウムは数アンペアの電流でも使用でき、1200Vもの大電圧を耐圧することができる超高性能の半導体**です。また、シリコンカーバイドを使ったものより電力損失が約1/3と省エネルギーで使えることが特徴です。最大の利点は、**もっとも低コストで生産できる**という点です。

生産性がまだ高くないことや、長期使用に耐えられるか未知数であることなど課題はありますが、日本が半導体シェアのトップを走る未来は目前かもしれません。酸化ガリウムは、高温で加熱することによって得られるものが多く、半導体の材料やLED、また太陽光発電用のセルの製造に利用されます。また透明で硬く、高い耐久性を持ち、耐熱性にも優れているため、高温や高圧の環境で使用されるガラス材料にも広く利用されています。最近では、高速・高耐圧・高温環境下でも高性能を発揮することが期待され、酸化ガリウムを用いたパワーエレクトロニクス素子（右図参照）の研究が進んでいます。

酸化ガリウムの現在地

パワー半導体とは

パワー半導体は、大きな電流や高電圧に対しても壊れない、特殊な構造を持つ半導体のこと。交流を直流にしたり、電圧を下げたりし、モーターやバッテリーへの電力供給を行う。ただし、そのぶん高温となりやすく、つねに故障のリスクと隣り合わせでもあるため、放熱の仕組みも工夫されている。

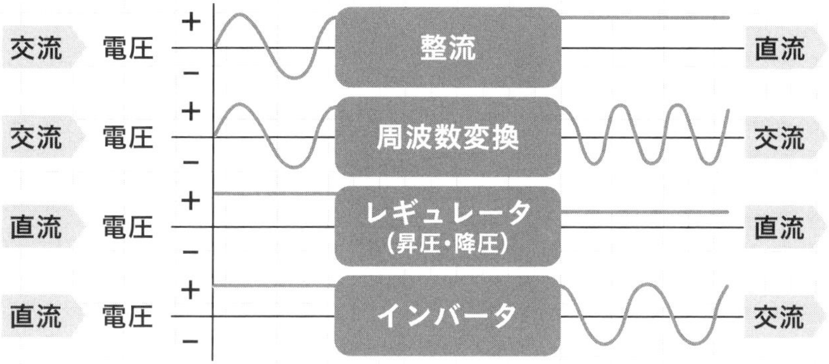

出典：Semi Journal「パワー半導体・パワーデバイスとは：特徴・種類・応用例」
(https://semi-journal.jp/basics/device/power/pd-what.html)

経済規模

酸化ガリウムの市場規模は2030年に1542億円にのぼると予測されている。これは窒化ガリウムの1085億円をゆうに超える額だ。日本発の半導体であるため、サプライチェーンを国内で賄うことも可能。

パワーエレクトロニクス素子とは

パワーエレクトロニクスとは、電源の電圧や周波数を高効率・省エネルギーで変換する技術の総称。電圧や周波数は、送電方法や使用する機器によって大きく変わるため、たとえば家庭用電源でパソコンなどの機器を使う際にも、実は途中で交流電圧を直流に変換している。この「変換」に使われるのが、パワーエレクトロニクス素子だ。

48、資源で見ても「強い」中国

輸出も輸入も最強クラス

いまやアメリカと並ぶ大国になった中国ですが、資源においても世界でトップクラスです。何よりもまず、世界最大の石炭生産・消費国であり、**2013年の生産量は37億トン**にもおよびます。また、**世界第４位の原油生産国でもあり、同2013年の生産量は2.08億トン**でした。サウジアラビアやアンゴラなど、もともと中国から多くの資源を輸入していた国々の依存度は年々高まっています。そんな中国ですが、急速な発展に伴い資源を大量に輸入してもいます。そのために輸出主導型の成長プランを緩和し、世界市場に乗り出す準備を進めています。

その一環として、アフリカから資源を手に入れるために50億ドルの「中国アフリカ開発資金（CADF）」を設立し、900以上の中国企業が技術と引き換えにアフリカで資源を手に入れるための支援をしています。同時に、ロシアとの間に「シベリアの力」という名の巨大な天然ガスのパイプラインを結び、**天然ガス供給機関30年・年間輸出量380億 m^3・総額4000億ドルという中国に非常に有利な条件で輸入契約を結びました**。これは中国が輸入している天然ガスの中でも最安値です。ウクライナ侵攻によって孤立したロシアは、新たなパイプライン「シベリアの力２」を中国に売り込まざるを得ない状況に追い込まれていますが、中国は沈黙を守っている状態です。輸入でも輸出でも強大な権力を持つ中国の動向には、今後も注視していく必要があります。

中国と資源

ロシアからの安い天然ガスで潤う

ロシアの中国への依存は、強まっている。2022年、中国がロシアから購入したエネルギー資源は813億ドル（約10兆6000億円）。前年比で54％の増加だ。ロシアの収入の40％もの額を占めてもいる。2023年１月には、天然ガスにおいても中国に対する最大の供給者になった。

ウクライナに侵攻したら、
欧州のマーケットから
排除されてしまった！

→価格を譲歩してでも売りたい

ほかの国より安く買えるなら、
人民元で私たちが
購入しましょう！

→世界最大のLNG需要国に

ただし水資源はウィークポイント

盤石の資源事情に思える中国だが、意外な弱点もある。それが水だ。中国の国民１人あたりが利用できる淡水の量は、世界平均の1/4程度。一部で砂漠化が進むなど、水をめぐる状況はとても厳しい。その解消に向け、実施したのが、ダムの建設だ。その数、50年で約８万5000。それにより慢性的な水不足が解消され、農業・工業を文字通り潤した結果、急成長をとげた。ただし、そのペースがあまりに急激すぎたため、水質汚染が進み、飲料水として利用できる淡水がどんどん減っていった。にもかかわらず、資源開発に向けさらに大量の水を必要としているのが、中国の現状なのだ。

49、映えるだけじゃない、ウユニ塩湖とリチウム

ウユニ塩湖が映し出す、もう１つの景色

ウユニ塩湖は、南米のボリビア西部にある巨大な塩湖で、現代産業に必須の希少資源でも注目されています。海がせりあがってできたため、リチウムが大量に溶けだしているのです。リチウムは電気自動車や携帯電話などに欠かせないリチウムイオン電池の材料です。しかし、ボリビアは政情不安のため外国企業が定着できないという問題がありました。また、ウユニ塩湖は標高約3700メートルと高く、雨季があることから、採掘に高い技術が必要です。そういった複数の要因により、ウユニ塩湖のリチウムは長らく眠ったままでした。

そんな中、名乗りを上げたのが資源大国・中国です。**中国のEV電池生産最大手の企業がボリビア唯一のリチウム採掘会社とパートナーシップを結んだ**のです。リチウムイオン電池のシェア80%を誇る中国にさらなる開発権を取られたことで世界各国は落胆していましたが、ウユニ塩湖での採掘は日本の研究チームが開発した「直接リチウム抽出法」という難しい技術が前提とされており、実際に中国が採掘できるかは未知数です。それを見越してか、ボリビアの企業も他の外国企業との協力を排除しない姿勢を示しています。同じくリチウム産出国であるチリやアルゼンチンとはドイツが関係強化を図っており、世界各国でウユニ塩湖を中国から“奪還”する動きが高まっています。こうしてハイテク産業の地下資源が流動的な国際政治と密接に関連していることにも注目していただきたいと思います。

リチウムとウユニ塩湖を知る

◎日本人にノーベル賞をもたらしたリチウム

スマートフォンやパソコンの電池に欠かせないのがリチウムだ。その特徴は、すべての金属の中でもっとも軽いことと、もっとも電子を放出しやすいこと。これらの特性を生かして、従来のマンガン電池やニッケル水素電池より軽量でパワフルな電池を作ることができた。ただし、水に触れると爆発したり、人体に取り込んでしまうと有害であったりと、取り扱いには注意が必要である。このリチウム電池の開発に多大な貢献をしたとして、旭化成の吉野彰（よしの・あきら）博士ら３名の研究者が、2019年ノーベル化学賞を受賞している。

◎熱いリチウム争奪戦

いまや「白いダイヤモンド」とまで称されるようになったリチウムだが、その製法は主に、塩湖の水を天日に干すことである。そのため、塩湖を多く持つ南米大陸の高原地帯が、各国から注目されている。現在、世界中で利用されているリチウムのうちおよそ半数が、チリ、ボリビア、アルゼンチンの３か国の塩湖から採取されているため、これらの開発に手を付けることが「リチウム競争」に勝つ鍵であると考えられているのだ。

◎ウユニ塩湖に行くなら

資源はもとより、「天空の鏡」と称されるウユニ塩湖は、岐阜県に匹敵する広さを持つ。また高低差がほとんどないため、空が湖面に反射する神秘的な絶景を楽しめる観光スポットとしても名高い。株式会社エイチ・アイ・エス（HIS）によれば、日本からのウユニ塩湖への行き方としては以下のようなものが紹介されている。

① 日本からアメリカ・ロサンゼルスに向かう
② 飛行機を乗り継いでボリビアの首都・ラパスへ入る
③ 毎日就航しているラパス - ウユニ間のアマゾナス航空に搭乗。所要時間は約１時間。陸路だとバスで10〜14時間かかる
④ ウユニからウユニ塩湖まで、車で１時間程度。塩湖自体も広大なので、車のチャーターは必須

出典：HIS「ウユニ塩湖」：https://www.his-j.com/tyo/zekkei/uyuni/

50、電気自動車の難点

順調に普及しているものの、あるモノが足りない

カーボンニュートラルを実現すべく、CO_2を含む排気ガスを出さないことから注目されている電気自動車。メンテナンス性のよさや維持費の低さ、乗り心地などガソリン車を上回る点は多く、これからますます普及していくでしょう。しかし、電気自動車のバッテリーに欠かせないコバルトというレアメタルは採掘が難しく、埋蔵量も少ないのです。電気自動車1台あたり9kgのコバルトが必要と概算されており、全世界のエンジン車の総数は約10億台と推測されています。これらがすべて電気自動車に置き換わるには900万トンのコバルトが必要になりますが、世界の合計埋蔵量は710万トンしかありません。増え続ける電気自動車の数を考えると、このままでは30年以内にコバルトが枯渇してしまう計算になります。

現在、**EUと中国だけで、2021年の電気自動車の販売総数は500万台を超えています**。中国に至っては、販売している自動車の21.7%を占めています。一方、**日本は2.5%と販売が伸び悩んでおり**、あらゆる支援策が必要です。ただし、コバルトには埋蔵量に限りがあることはもちろん、悪質な労働環境が指摘されてもいます。そのため、世界での電気自動車の需要の健全な上昇に向けて、コバルトに頼らない全固体電池やリチウム硫黄電池などの開発が急務とされています。レアメタルとレアアースの需給は、ブレイクスルーを起こすような新技術の開発によっても大きく変化してゆくのです。

コバルトと電気自動車

コバルトが果たす役割

電気自動車に欠かせないのが、リチウムイオン二次電池。高い電位と大きなエネルギー密度を必要とするが、その正極材（電子を受け取る側のパーツ）に使われているのが、コバルトだ。一方の負極材には黒鉛が使われている。両者を用いることで、高容量・高出力を実現できる。

5つの課題

1. 不慮の事故が起こらないようにする
2. 1回の充電で走る距離を伸ばす
3. EV用の電池寿命を延ばす
4. 脱コバルト化によるコスパ向上
5. リサイクルできるようにする

コバルトの問題を含め、電気自動車がより普及していくにあたっては大きく5つの問題がある。

EVシェアはテスラが独走

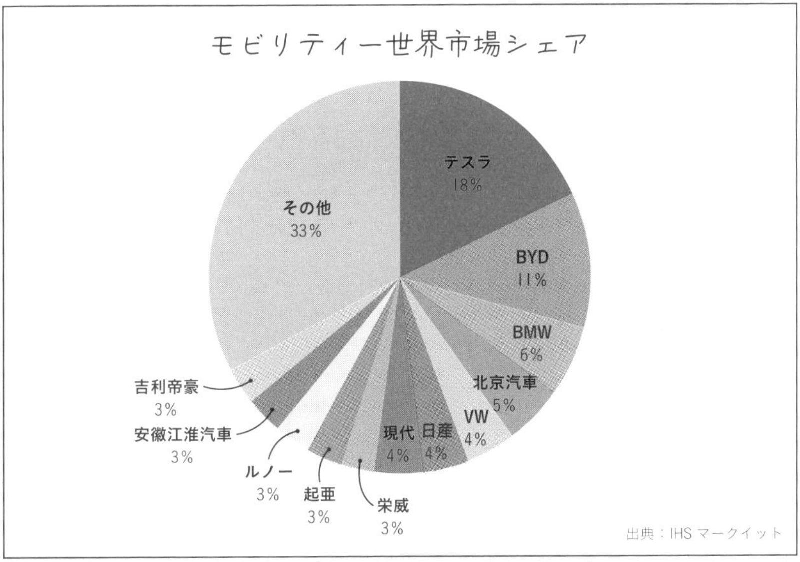

51、「日本には資源がない」わけではない

石灰石とヨードは豊富、海も広い

日本は資源のほとんどを輸入に頼っていますが、例外もあります。たとえば石灰石は自給できるほど豊富で、セメント業や建設業をはじめ、重要な産業を支えています。また、ヨード（ヨウ素）生産量も世界第２位です。ヨードはレントゲンの造影剤や消毒液、うがい薬などの医薬品のほか、液晶パネルや飼料の生産にも使われる、用途の多い資源です。なぜ日本のヨードは豊富なのでしょう。それは、東京湾や房総半島中央部の地下に、濃度2000倍にもなるヨードの鉱脈があるからです。**ヨードの世界埋蔵量は推定620万トンですが、そのうち実に約490万トン、８割を日本が占めています**。ほかにも、**領海と排他的経済水域を合わせると、日本は世界第６位にもなる海を占有**しています。深海が未だ数多くの謎を残している事実を考えると、さらなる海底資源が見つかる可能性もあります。また、都市鉱山（P.102）から資源をリサイクルする規模においても、日本は世界トップクラスです。事実、半導体や液晶パネル、LED に使われるインジウムというレアメタルは日本では天然で採掘できないにもかかわらず、年間約70トンを算出しています。これは世界３位の年間産出量です。

加えて、メタンハイドレート（P.82）が実用化されればエネルギー問題の見通しもつくなど、明るい材料もあるのです。ただし現状、日本の資源が全体として貧弱であることは疑いの余地がありません。リアリティーを維持しつつ、開発に投資することが大切です。

資源が少ない国の生存戦略

シンガポールに学ぶ

日本以上に資源が乏しく、国土も東京23区と同程度の小さい国・シンガポール。にもかかわらず、順調な経済発展を遂げており、2020年の国民１人あたりGDPは５万8902ドル。これは世界第８位であり、30位の日本は大きく水をあけられている。なぜ、資源がなくてもシンガポールはこれほどまでに成長できているのか。それには、いくつかの要因がある。

３つの鍵

①言語

シンガポールでは、英語・中国語・マレー語・タミール語の４種類を公用語として採用している。伝統的な言語を守りつつ、ビジネスの場では英語が使われており、実質的に言語の壁がない。

②多民族共存

公用語を１つにしなかったことで、華人、華僑、マレー系、インド系と、多様な民族が共存。周辺諸国との関係を円滑にし、水資源を始め、自国で賄えないものをスムーズに輸入することができた。

③税制

相続税や贈与税、キャピタルゲインが非課税。所得税の最高税率は20％、法人税は17％と、税率が低い。そのため、外国人の起業や資産運用を呼び込みやすい。世界中の大富豪が居を構えていることでもよく知られている。

出典：ダイヤモンドオンライン「土地も資源もないシンガポールが豊かな国になった「地理的背景」とは？」
(https://diamond.jp/articles/-/273190)

出典：公益財団法人日本国際問題研究所「「多民族国家シンガポール」の戦略的意義」
(https://www.jiia.or.jp/research-report/indo-pacific-fy2021-01.html)

52.

開発のため、合法的に爆破された貴重な遺跡

４万6000年前の歴史は、跡形もなくなった

2030年までに温室効果ガスを半減させることを目標に、多くの企業が努力しています。その中には電気自動車を普及させることも含まれていますが、果たして本当にそれが有効な手段か、という問いも可能です。というのも、電気自動車の生産にはレアメタルが必須ですが、それらの採掘で環境に負担を与えるより、自動車そのものの使用を控えるほうが効率的という説が成立しうるからです。にもかかわらず、電気自動車の生産が優先されるのは、資本主義社会ゆえです。

企業が利益を優先させた結果、オーストラリアではこんな出来事が起こっています。ある企業が鉱山を開発するために、なんと４万6000年前に先住民が住んでいた遺跡を爆破してしまったのです。**爆破されたのはピニクラ族などの先住民が暮らしていた、オーストラリア最古の遺跡**。約２万8000前にカンガルーの骨から作られた道具や、約4000年前のピニクラ族の髪の毛から作られたベルトなどが発掘され、現代に生きるピニクラ族や考古学者にとって重要でした。

企業はこの件に関して遺憾の意を表明していますが、罰せられることはありません。アボリジニ（先住民）遺産法のある条項では、土地所有者が遺跡を破壊することを認めています。アボリジニ遺産法は現在見直しが図られている最中ですが、ピニクラ族のルーツに関わる失われた遺跡は永遠に失われたままです。資源確保と環境保全にはこうした複雑な要素が絡んでいるのです。

爆破の顛末

◎すべては法にのっとって行われた

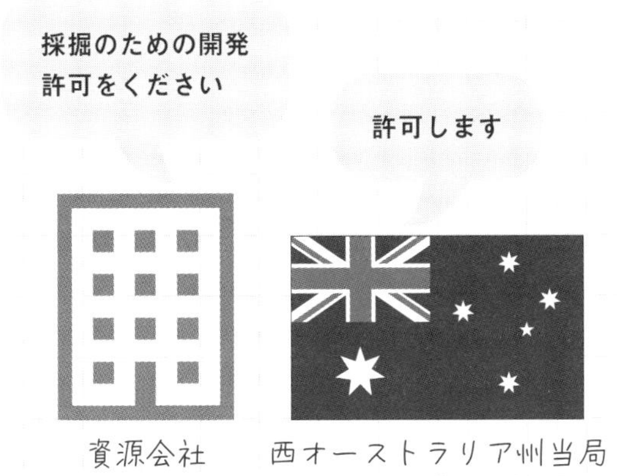

資源会社である「リオ・ティント」は、西オーストラリア州当局の許可を得て、鉱物採掘のため、西オーストラリア州にある渓谷を調査し、爆破。洞窟遺跡「ジューカン・ゴージ」に壊滅的な打撃を与えてしまった。

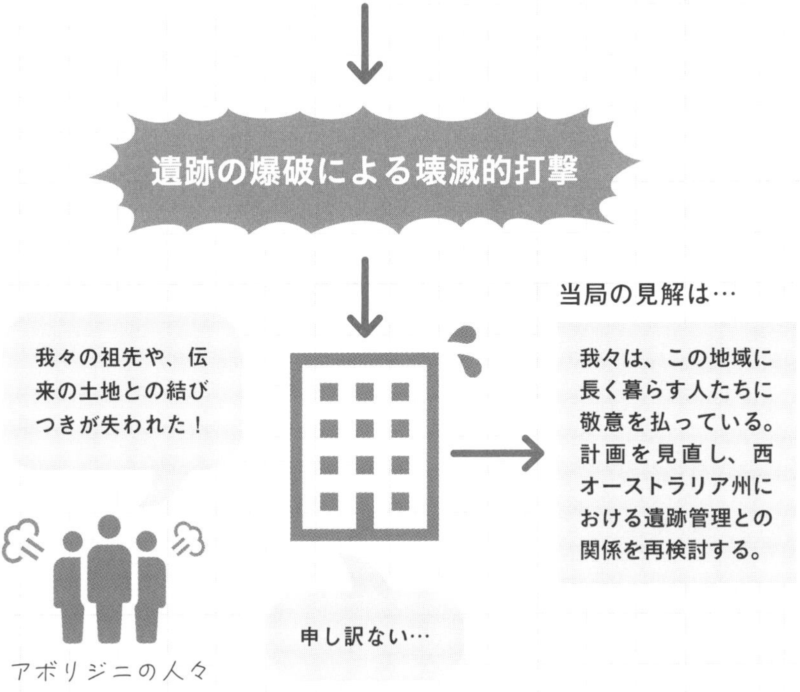

出典：BBC NEWS JAPAN「資源大手、アボリジニの洞窟を破壊し謝罪　オーストラリア」
(https://www.bbc.com/japanese/52873478)

COLUMN

シリコンバレーが
そう呼ばれる理由

シリコンバレーは、アメリカのカリフォルニア州サンフランシスコ南部の一部の地域のことを指します。ただし「シリコンバレー」という地名があるわけではありません。現地の人たちは単に「ベイエリア」と呼んでいることが多いそうです。1970年代にこの地域に半導体メーカーが集中していたことから「シリコンバレー」と名付けられました。

シリコンバレーには6600社以上のハイテク企業があり、アメリカの特許の10%はこれらの企業から生まれたものです。

また、スタンフォード大学やバークレー学校など優秀な大学も多くあり、大勢の学生が学び、シリコンバレーの企業に就職します。

ハイテクの街ならではの光景といえば、住民の多くは電気自動車を移動手段のメインにしています。オフィスや集合住宅、レストランの駐車場には必ずといっていいほど電気自動車の充電ステーションがあります。

最も特徴的なのは、シリコンバレーに住む人々の約37%が外国生まれで、技術系に至っては55%にも上る国際色豊かな地域だということです。Yahoo! の共同創設者であるジェリー・ヤンは台湾出身、Google の共同創設者セルゲイ・ブリンもロシア出身です。

さまざまな国の人がいるので、食生活も豊かです。海に面しているので魚介類が豊富にとれ、中華料理やタイ料理、インド料理などが楽しめます。最近は日本のラーメンが非常に人気で、専門店にも行列ができているそうですよ。

第4章

資源の未来

環境保護の取り組みと私たちがすべきこと

53、宇宙から資源を得ることは可能か

まるでSFのようなアイデアも

2020年12月６日、小惑星探査機「はやぶさ２」が小惑星リュウグウから内部のサンプルを持ち帰ってきました。サンプルからは水や有機物が確認されており、宇宙資源開発の幕開けと言えるかもしれません。ゆくゆくはほかの小惑星にも進出し、地球では採取しにくいレアメタルなどが採取される可能性もあります。また、宇宙での活動の際、月や小惑星にある資源をそのまま“地産地消”で使ってしまおうという計画も進んでいます。たとえば、月にはレゴリス（月の土砂）や鉄などが存在しているため、現地で建材として使えるかもしれません。

宇宙に発電機を置いて太陽光発電をしようという計画もあります。宇宙は常に晴れており、非常にエネルギー効率がよいためです。**すでに宇宙で発電する技術は確立しており、電気をマイクロ波（電子レンジなどに使われている電磁波）に変換して地球上まで送る**研究の最中です。宇宙の発電機から地球にエネルギーを飛ばせれば、宇宙からエネルギーを補給する自動車も夢ではありません。

宇宙資源探査の市場規模はおよそ数兆円と言われており、これからさらなる開発がされていきます。宇宙資源を原因とする国家間の衝突はまだ起こっていませんが、地球の周回軌道上の人工衛星を破壊する実験をめぐって批判が起こったことはあります。各国の法整備が待たれるところですが、エネルギー資源の問題を地球上の課題としてだけではなく、宇宙空間という広域の観点から考えてみる必要があります。

宇宙と資源

宇宙産業市場規模の推移予測図

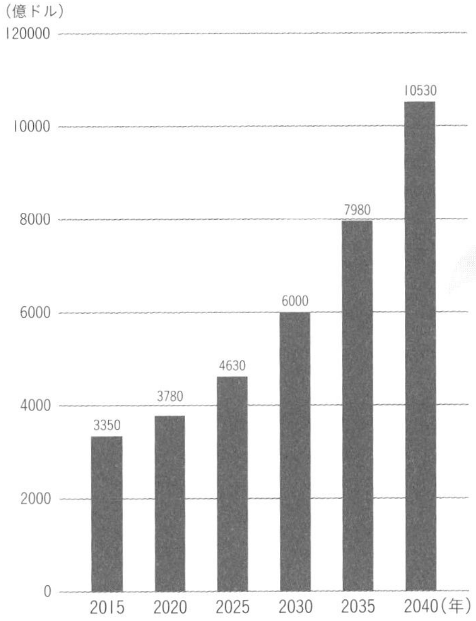

宇宙産業市場は、2020年からの20年間で約3倍の伸びを見せると予測されている。日本でも、ホンダが再使用型の小型ロケット開発や、月面における再生エネシステムの構築を計画。エンタメ業界も熱視線を送っており、ソニーは一般人が人工衛星に命令し、地球などの写真を撮影できるプロジェクト「STAR SPHERE(スタースフィア)」を発表した。

出典:事業構想　宇宙ビジネスと現在と未来「宇宙を利用する」発想で事業開発を(https://www.projectdesign.jp/articles/685173be-25bd-4db1-82d1-a72711a896dc)

採掘の際に想定されるハードル

物理的な困難

地球上で行われる採掘とはまったく勝手が異なる。小惑星とはほぼ真空であり、そこに採掘器具を取り付けることには大きな物理的困難が伴う。

環境的な外圧

実作業は宇宙飛行士も行わなければならない。その間、人体に悪影響を与える宇宙線に晒され続けるため、実際の作業時間はかなり限られてくる。

心理的な影響

訓練を受けた宇宙飛行士とはいえ、心理的なプレッシャーは計り知れない。そのうえ、不測の事態が起こったときの対処も常に想定する必要がある。

出典:http://daniel-suarez.com/deltav_design.html

54、

地球環境をハックする ジオエンジニアリング①

イノベーションで地球を冷やし、CO_2を回収する

近年、科学技術によって地球温暖化を人為的に抑えようという「ジオエンジニアリング（気候工学）」が注目されています。それには大きく２つの分野があります。１つは、**成層圏（地上から高さ10〜50kmぐらいの地球をとりまく大気の層）に粒子をまき、太陽光を反射させて地球を冷やす「ソーラー・ジオエンジニアリング」**。２つ目は、**二酸化炭素を回収して大気から取り除く「二酸化炭素除去」**です。

前者の代表である「成層圏エアロゾル注入」は、火山噴火から着想を得た技術です。大規模な火山噴火が起こると、硫黄ガスが成層圏に吹き上げられます。硫黄ガスは化学反応により太陽光を反射する硫酸エアロゾル（大気と硫酸が混ざったもの）に変化し、地球の平均気温が下がります。それを人工的に再現するのです。ただし「熱帯は冷え、北極や南極は温まる」というムラのある気温変化が予測されています。また、成層圏にはオゾン層があるため、オゾン層が破壊されるなどの影響も懸念されています。最大の欠点は、CO_2を根本的に減らすことにはならないため、数百年・数千年と継続しなければならない点です。

後者としては、１日１トンのCO_2を吸収する人工の木がアリゾナ州立大学で開発されているほか、大気中のCO_2を回収し、石に変えて埋める技術がスイスで開発されています。新しいエンジニアリング技術の開発と環境への適応には、必ず未知の課題が生まれます。こうしたことも含めて先端技術に対して積極的に投資を行う必要があります。

さまざまなジオエンジニアリング

ソーラー・ジオエンジニアリング

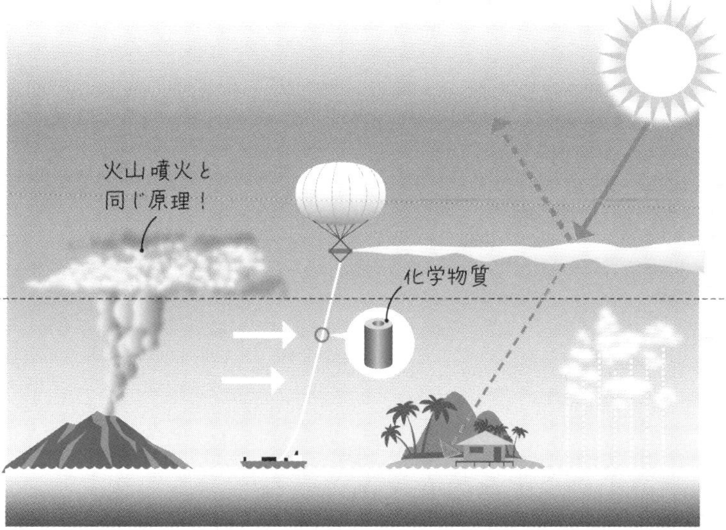

火山噴火によって気温が下がったとされる報告から発想された、「成層圏エアロゾル注入」。著名投資家のジョージ・ソロスは2023年２月、ソーラー・ジオエンジニアリングを支持すると宣言。ビジネスとしても注目されている技術だが、課題は多い。

二酸化炭素除去

人工の木からなる森

自然由来の方法で二酸化炭素を吸収するには、インドの３倍の面積に木を植える必要があるが、現実的でない。そんな中アリゾナ州立大学の研究では、炭素を捉え回収する「膜」を持つ金属製の木が考案されている。化石燃料から毎年排出される二酸化炭素を回収するには、この木がおよそ１億本必要だと考えられている。

CO_2を石化する

スイスのClimeworks（クライムワークス）は、大気中の二酸化炭素を回収し、石に変えて地中に埋める技術を開発。第三者機関による認証を受けた信頼度の高い技術として注目されている。すでにマイクロソフトとは10年のオフテイク契約を締結し、１万トンの二酸化炭素を除去する予定だ。

55、

地球環境をハックする ジオエンジニアリング②

夢の技術の盲点

ソーラー・ジオエンジニアリングに次いでいるのが「二酸化炭素除去」です。CO_2を直接回収する方法と、海洋生物を利用して間接的に回収する方法があります。アメリカとカナダの発電所では、すでにCO_2の回収が行われています。しかし、回収したCO_2をどこに貯蔵するのかが問題となっています。二酸化炭素を食べる藻やバクテリアの入ったコンテナに貯蔵したり、化学変化によって建築材料にしようとしたりと、企業によってさまざまな取り組みがなされているのです。

また、「海洋肥沃化」という方法もあります。**海洋に棲息する藻など、光合成をする生物に栄養を与え、CO_2をもっと効率的に分解しようという試み**です。そのほか、海洋生物に欠損している栄養が鉄であることから、海に鉄をばらまく「海洋鉄散布」という方法も考案されています。鉄散布量あたりのCO_2削減量が当初の予想よりはるかに低いことがわかり、CO_2 1トンあたり800～8000円で可能と試算されました。ただし、海洋に鉄を撒くことで海の生態系を壊してしまう恐れもあり、進み行きは必ずしも芳しくありません。

ジオエンジニアリングは夢の技術ですが、全世界の団結が前提となる環境対策の「最終手段」なのです。地球の気候は何十万年という長い時間をかけて現在のように安定した状態を作り出してきました。よって、ここでも空間的な「長尺の目」と時間的な「長尺の目」の2つを駆使しながら、進行中のプロジェクトの検証を行わなければなりません。

二酸化炭素除去の現在地

DACプラントによる回収

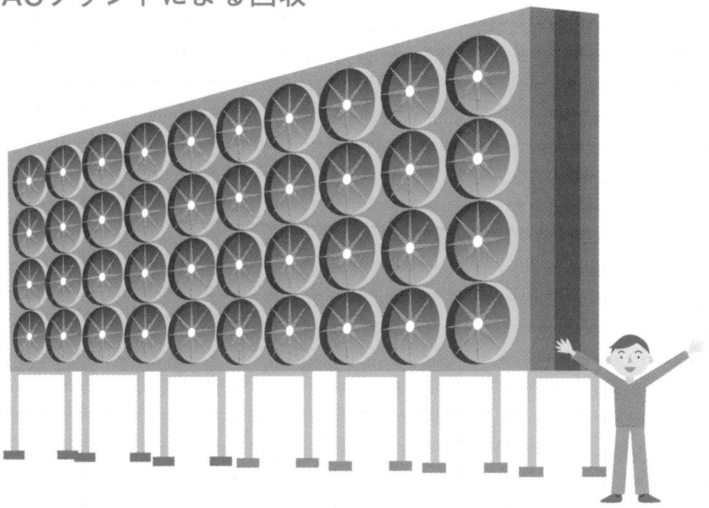

大気中のCO_2を直接吸収する「ダイレクト・エア・キャプチャー（DAC）」に注目が集まっている。なかでもアメリカのDACプラント計画「プロジェクト・バイソン」は世界最大で、2023年内の稼働開始を予定している。そのCO_2回収量は４段階を想定しており、最終的に2030年には500万トンのCO_2を吸収できるという。これは、１年間に100万台のガス自動車が排出するCO_2量に相当する。回収したCO_2は地中深くに埋めることで解決する。

「CDR」が今後は要注目ワードに？

2021年、実業家のイーロン・マスク氏は次のようにツイートした。「空気中の炭素をつかまえる技術への賞金として、１億ドル（約105億円）寄付する」。その寄付先はというと、気候変動に取り組む「Xプライズ」という非営利組織のコンペだった。その際に注目を集めたのが、空気中のCO_2を集めて取り除く「CDR（Carbon Dioxide Removal)」という技術。同様の問題意識はビル・ゲイツやジェフ・ベゾスも持っており、CO_2除去に多額の出資をしている。ただし、反対意見もある。例えば、ラトガース大学の環境科学の教授でジオエンジニアリングの専門家、アラン・ロボックは「やるべきでない理由は27ある」とまで語っている。理由は、地球全体の気候を変えるというスケールの大きさが各国に与える影響による。例えば、技術力の高い国が独断でプロジェクトを進行させたりするようなことは他国とのトラブルの原因となるため、絶対に避けなければならない。

56、

日本の再生可能エネルギーがうまくいかない理由

多面的な原因を概観する

日本は、2050年までにカーボンニュートラルを実現するとしています。そのために、**2030年度までに再生可能エネルギーを36〜38％にするという中間目標を立てていましたが、2019年度時点で18％と思うように進んでいません**。理由は複合的です。まず立地制約があり洋上風力発電の整備が整えられない環境。また、バイオマス燃料などの原料の７割以上を輸入材に頼っていることなどです。そして、発電コストの高さもネックです。高い人件費や修繕費、運転維持費などがかかること、日照時間の短さや夏に平均風速が落ちることによる太陽光・風力発電の効率の悪さ、地震が多く発電所の設置場所が限られるという地理的な問題などが絡み合い、他国よりコストがかかるのです。

一番の原因は、2012年に導入したFIT（固定価格買取制度）の制度上の誤りです。FITとは再生可能エネルギーから作られた電気を、電力会社が一定価格で一定期間買い取ることを国が保証する制度のことです。FITが適用された時点で買取価格を決めてしまったため、先に契約だけして太陽光発電のコストが下がってから導入しようという企業が相次ぎ、導入しないまま国民が電気会社に月額1035円（300kWh／月・標準家庭で算出）の「再生エネルギー発電促進割賦金」を支払うはめになりました。結果、日本は再エネ後進国となっているのです。これに加えて「長尺の目」の観点から、再生可能エネルギーが世代を超えて経済的に見合うのかどうかも冷静に判断する必要があります。

いくつもの困難

◎ 地理的・天候的・コスト的困難

そもそも風力発電には住宅や電線のない広い土地が必要だが、日本にはそれが少ない。また、気候的な要因もある。日本では台風が頻発する。台風ほどの強い風が吹く時には、安全のために風力発電は停止させるのが一般的だ。さらには、落雷の危険性もある。このように、風力発電に対するリスクの高さが二の足を踏ませている。同じ理由でコストも他国より高くつくことも、なかなか再エネが普及しない要因となっている。

◎ 日本のFIT制度管理の甘さに付け入られた事件も

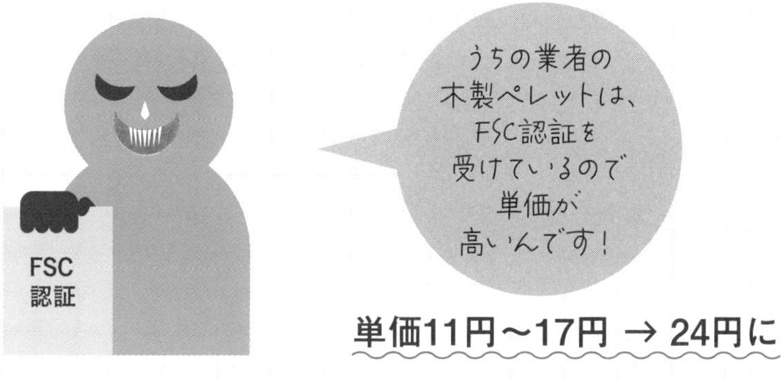

バイオマス発電所で使われる木製ペレットという燃料がある。この木製ペレットに、環境や労働面などに配慮された証であるFSC認証が付与されると、FIT買い上げ価格が倍近くにまで跳ね上がる。一方で、書類さえ通れば簡単に付与されるなど、日本におけるFIT制度のコンプライアンスの緩さは以前から業界内ではささやかれていたという。そんな中、同制度を悪用したベトナムのペレット製造業者が、FSC認証を偽造した木製ペレットを輸出し続け、年間100億円以上の過払い金が発生するという事件が起きた。

57、
バルセロナの先進的な取り組み

怒れる市民が環境を変えていく

2008年、リーマン・ショックによる欧州経済危機の打撃を最も受けた都市のひとつが、スペインのバルセロナでした。失業率は25%に達し、EU の緊縮政策によって市民の貧困は深刻な状態に陥りました。バルセロナは行きすぎた観光地化が進み、市民向けの住宅の多くを民泊に切り替えたため家賃が急騰。市民はますます貧困に苦しめられることになったのです。そんな中、若者を中心とした「怒れる人たち」と呼ばれる社会運動が発展し、2011年５月15日にはスペインの50以上の都市の広場を占拠する「15M 運動」が行われました。

2015年、バルセロナの「怒れる人たち」が中心となってつくった市民派の新党「バルサローナ・アン・クムー」の党首、アダ・クラウがバルセロナ市長になりました。クラウは市民の声を重要視し、水道やエネルギーなど生活に直結する政策を整えていったのです。そして2020年１月、バルセロナは「気候非常事態宣言」を表明。**32ページからなる文書には CO_2 削減のための具体的な行動計画が７モデル・240個以上も並び、公共空間の緑化や食の地産地消、リサイクルなど多岐にわたる公約を掲げました。**その中には飛行機の運航や自動車の制限速度を時速30km にするなど、グローバル企業と闘う姿勢も垣間見えることから、バルセロナは「フィアレス・シティ（恐れない街）」と呼ばれるようになりました。現在フィアレス・シティはパリやアムステルダムなど、多くの都市へ広がろうとしています。

スマートシティに向けて

◎クラウ市長の政策

「技術的な主権を市民に」という理念

市民生活に関するさまざまな情報やデータは、市民に属するものであり、市民に還元すべきものである。こうした理念に基づき、バルセロナ市では都市のリアルタイムデータを一元管理する統合プラットフォームと、それらを市民に公開するウェブポータル「City OS」の整備が進められた。

オンライン参加型プラットフォームの立ち上げ

オンライン参加型プラットフォーム「デシディム」(Decidim)の運用も開始。環境問題には市民の参加、行政との協働が不可避という思想から設計されている。2016年から2019年の３年間で、すでに市民の70％が登録しており、市民からの9000以上の新たな政策提案が集まっている。

マイカー廃棄への取り組み

マイカーの廃棄と引き換えに、公共交通機関を３年間無料で使えるという驚きの施策だ。一見とても不便になるように思ってしまうが、バルセロナ市内にはメトロやバスをはじめとした公共交通機関が深夜まで充実している。また自転車シェアリングのサービスも発達しているため、目的や移動距離に応じて車なしでも誰もが容易に移動できる。

58. 街を白く塗れば気温が下がる！

ロサンゼルスの「クール・ルーフ法」

都市部におけるヒートアイランド現象の一因となっているのが、アスファルト舗装です。都市部の屋根や道路など、表面積の平均60％が太陽の熱を吸収しやすい黒色（に近い暗色）で構成されており、それが都市部全体の熱を上げているのです。

そんな中「**表面が黒いことが原因ならば、白く塗り替えてしまえばいいじゃないか**」という発想のもと、とある施策がロサンゼルスで生まれました。それが「クール・ルーフ法」です。ロサンゼルスでは、運動場や駐車場、屋根や屋上、道路などに光や紫外線反射率の高い白っぽい塗料を塗り、太陽光を跳ね返す取り組みを行っています。加えて2035年までに市の気温を約1.6℃下げることを目標に、すべての新築住宅の屋根に日光を反射する塗料を使用することを義務付けました。同時に植樹して木陰を増やそうともしています。

ロサンゼルスは、同程度かそれより大きな世界の都市７つを含む大都市圏全域にクール・ルーフ法を広めようとしています。もし７つの大都市でも採用された場合、**大気中から44ギガトンもの温室効果ガスが削減、37億ℓ以上の水を節約できる**と試算されています。

ほかの市も負けていません。ニューヨーク市は2010年からの９年間で、少なくとも670万平方フィート（約62万平方メートル）の屋根を白く塗装しました。ただし、専門家の中には「これが最善策かどうかは定かでない」と、慎重な意見を表明している人もいます。

塗料でどれくらい変わるのか

黒い塗料と白い塗料

種類にもよるが、夏場は外壁材が80℃くらいまで上昇することもある。そのため、断熱材は必須。ほか、断熱や遮熱系の塗料を塗ることでも熱さは緩和できるが、夏場の厚さに一役買っているのは間違いなさそうだ。ただし、冬は暖かいというメリットがある。

壁の広さや色の濃淡によっても違うが、神奈川県のリフォーム専門店が行った実験によると、白い塗料は黒い塗料に比べて7℃〜8℃低いという結果が出た。

懐疑論もある

雨量が減少する？

道路を白くして温度が下がると、降った雨が蒸発しにくく、結果として雨量が減少するのでは、という懸念がある。

本質的な解決か？

太陽光を反射させても、温室効果ガスの排出そのものが減るわけではない。そのため、例えば植林と比較して本質的な解決になるのかという意見も。

出典：BUSINESS INSIDER「ニューヨーク、高温対策として屋根を白くペイント、効果は？」(https://www.businessinsider.jp/post-173194)

だが状況は待ったなし

いまやアメリカでは夏を「Danger Season（危険な季節）」と呼ぶ。12以上の都市で最高気温の記録を更新。人だけでなく、家畜までもが死んでしまうほどの猛暑となった。白く塗る方法は、ジオ・エンジニアリングのようなリスクの高い方法よりも手軽に行える。できることはどんどん試していくべきだろう。

59、SDGs、各国ちゃんとやってる？

優等生の北欧諸国、日本は「もう少し頑張りましょう」

2022年、SDGsに関する国連の研究組織（SDSN）は、世界平均でのSDGs達成度が後退したことを報告しました。状況の改善にあたっては、平和や外交、国際協力が不可欠であるとしており、ここでもウクライナ戦争が暗い影を落としていることが示されています。

そんな中、SDGs達成度ランキングにおいて、**2022年のSDGs達成度の１位はフィンランド、２位デンマーク、３位スウェーデンと北欧諸国が上位を占めています**。とりわけフィンランドは２年連続の１位であり、19位に沈んだ日本が学ぶべきことが多くあるように思えます。

なぜフィンランドはSDGsの達成度が高いのでしょうか。ひとつには、福祉が充実しているため、国民が一丸となってその制度の維持に取り組んでいるという点が挙げられます。事実、家庭ごみをそのまま廃棄せず堆肥としているほか、国営のSDGs研究所も存在するなど、官民一体となって取り組んでいます。その背景にあるのは、国土の73%が森林であるという事情もあるでしょう。他国と比較しても利用できる資源が少なく、最初からエコを前提とし、さまざまな工夫をする必要があったのです。身近な例としては、缶やペットボトルのリサイクルは今や世界的な常識ですが、その先駆けはフィンランドです。

しかし、そのような事情は日本とて似たようなもの。言い換えれば、学ぶところが多くあるということです。そろそろサウナ以外の「北欧ブーム」が起こるべきではないでしょうか。

フィンランドと日本

フィンランド3つのポイント

①
高福祉による
官民の一体化

②
国土の7割以上が
森林という地理的条件

③
「SISU」という
国民性

③については説明が必要だろう。フィンランドの人々の気質を説明するときにしばしば用いられるのが「SISU（シス）」という言葉。これは他言語に翻訳するのが極めて難しい概念なのだが、「厳しい状況下で表れる、しなやかでたくましい精神性」のような意味合いを持つという。長期にわたるスパンで考えるべき環境問題と、相性がいいのかもしれない。

頑張っている日本企業も

順位	企業名・ブランド名	SDGs 評価	前年からの順位変動（※プラスは順位上昇）
1位	トヨタ自動車	27.7	なし
2位	イオン	22.1	＋3
3位	ユニクロ	21.7	－1
4位	日産自動車	21.0	＋2
5位	サントリー	20.9	－2

出典：「企業版 SDGs 調査2022」（https://news.tiiki.jp/Corpsdgs2022）

日本でも努力を続けている企業はある。国内企業におけるSDGsの貢献度は、トヨタ自動車が頭ひとつ抜けている。燃やしてもCO_2が出ない水素を燃料とした「水素エンジン」の開発のほか、10年間で200万本の植樹を行うなど、持続可能な社会に向けて多面的に展開している。

60、「Z世代は意識が高い」って本当？

「SDGs」はみんなよく知っているけれど…

CCC マーケティング総合研究所が行った環境問題への関心度の調査によると、**10代と60代以上の人々の関心度が高いことがわかりました。**比較的関心度の低い20～50代の中でも、**特に20代、30代は関心度の高い層と低い層が近い割合で存在しており、二極化しています。**また、物の購入時に環境を配慮しているかどうかも10代、60代以上が「意識している」と答えた人が３割前後と高い比率を示しました。一方、SDGs の理解度はＺ世代（16～25歳）が41.6％と高い割合を示した一方で、SDGs の中身である「海の豊かさを守ろう」「安全な水とトイレを世界中に」などの環境に関する項目への関心度は他の世代より低かったのです。これは、Ｚ世代は生まれたときから環境問題が自明のもとで育ったからかもしれません。

環境問題への関心があるＺ世代の理由の第３位に「自分の子や孫世代が安心して暮らせるようにするため」「自分たちの世代が安心して暮らせるようにするため」がランクインしたことからもわかるように、Ｚ世代は環境問題の当事者であるという思いが強いのです。ある環境保全団体は、「デジタルネイティブのＺ世代は『SNS 映《ば》えするおしゃれな活動』に『環境を守るという本質を伴う体験』が伴ったときに価値を見出す」と語り、Ｚ世代による海岸のゴミ拾いや環境保全イベントを行っています。今後は環境問題を世代間のギャップを埋める試みとして、積極的に捉える必要があるのではないでしょうか。

Z世代の意識

環境問題や社会問題への関心度

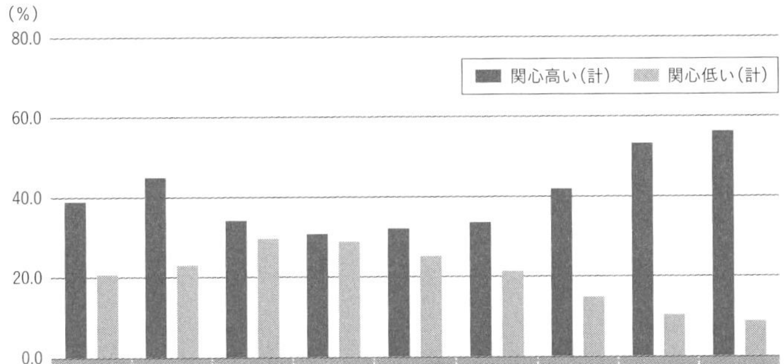

	全体	16～19歳	20代	30代	40代	50代	60代	70代	80～84歳
(集計数)	(11033)	(482)	(1351)	(1486)	(1913)	(1825)	(1631)	(1751)	(594)
関心高い	39.0	45.0	34.1	30.7	32.0	33.5	41.9	53.2	56.2
関心低い	20.7	23.0	29.6	28.8	25.1	21.3	14.8	10.3	8.7
どちらとも言えない	40.3	32.0	36.3	40.5	42.9	45.2	43.3	36.5	35.1

※「関心が高い」は、「あてはまる」「ややあてはまる」の合計
※「関心が低い」は、「あまりあてはまらない」「あてはまらない」の合計

同社の調査において、「環境への関心も高く、配慮もしているのはシニア世代」という結果が出た。一方の若い世代は意識が二極化している。

出典：CCCマーケティング総研「世代別意識調査」(https://prtimes.jp/main/html/rd/p/000000865.000000983.html)

グレタ・トゥーンベリがZ世代に与えた影響

「Z世代は環境問題に敏感である」というイメージを強いものにしたのは、スウェーデン生まれの活動家であるグレタ・トゥーンベリだろう。2003年生まれの彼女は、気候変動対策のための学校ストライキといった活動によって世界中から知られるようになり、結果として各国における環境問題の注目度も大きくなった。

61.

課題の多い国もある

急発展を遂げる国から大量の汚染物質が出ている

スイスの会社IQAirが発表した「2021年世界大気質報告書」によると、**大気汚染の深刻な都市ワースト１位と２位は共にインドの都市、ビワディとガーズィヤーバードでした**。そしてワースト３位は中国新疆《しんきょう》ウイグル自治区のホータン（和田）市と続き、ワースト50位までにインドから35都市がランクインしています。また、**国別ではワースト１位バングラデシュ、２位チャド、３位がインドの隣のパキスタン**と続きます。インドは都市部から発生する汚染物質が多いことに加えて、農村部でも作物のもみ殻を燃やすことが汚染の原因となっています。

また、プラスチックなどの海洋ゴミ排出量ワースト１位は中国です。中国の沿岸域では、年間推定882万トンもの「管理されていない」プラスチックゴミが排出されています（2010年時点）。これは世界全体の27.7％に相当します。「管理されていない」とは、ゴミ収集車にカバーがかかっていないなど、ゴミが環境中に漏れないような工夫がされていない状態を差します。ワースト20位国のうち12か国は中国やインドネシアなど、アジアで急発展を続ける国です。しかし2020年には、中国はアメリカを「環境問題の失敗の責任を他国に負わせ、自国への批判をそらしている」と非難しました。アメリカも中国を「環境汚染を故意に無視している」と批判するなど対立がありましたが、翌年には2030年までのメタンガス削減対策の加速を約束する共同宣言を発表するなど、足並みを揃えています。

汚染の実態

インド、デリーのPM2.5濃度（2016～2020年）

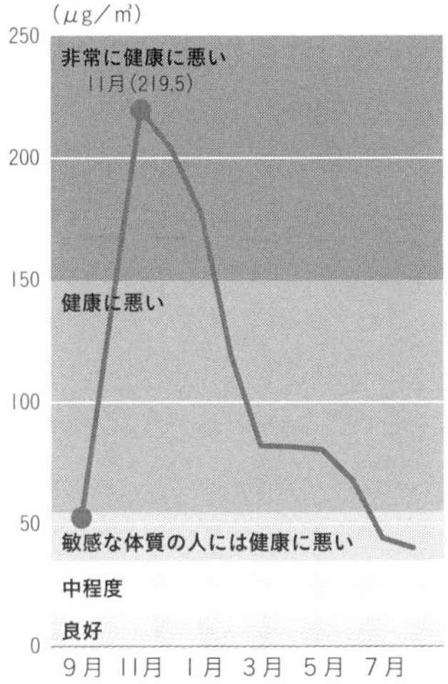

大気汚染に関して改善が急務であるとされているのはインドだ。その首都ニューデリーは、世界で最も大気汚染が深刻な都市の一つ。とりわけ秋には農家が野焼きを行うため、近隣住民は窓を開けることもできないほど。当然ながら健康被害は甚大で、シカゴ大学エネルギー政策研究所（EPIC）によれば、デリーが同じペースで大気汚染がされ続ける場合、デリー首都圏を含むインド北部の住民の平均寿命は、実に7.6年縮まるという。

出典：ナショナルジオグラフィック「"最も汚染された街" デリーの大気汚染が秋に最悪に、インド」
(https://natgeo.nikkeibp.co.jp/atcl/news/20/111700665/)

対立後に足並みをそろえた米中

両国の間に相違は事欠かないが、
気候変動についてはない。
成し遂げるには協力が
必要である。

中国、米国の肩には、
特別な責任と義務がある。
我々は世界の平和と発展のために
ともに汗をかく。

62. パリ協定とは？

今さら聞けない、パリ協定のキホン

温暖化防止のため、各国でさまざまな取り決めがなされてきました。日本人によく知られているものとして、1997年に定められた「京都議定書」がありますが、パリ協定はその後継にあたります。2015年の国連気候変動枠組条約締約国会議（COP21）で採択、2016年に発効した気候変動問題に関する国際的な枠組みです。発効するためには55か国以上が参加することと、世界の総排出量のうち55％をカバーする国が批准することが条件でしたが、各国の関心が高く約１年で条件を満たすことになりました。**参加国は159か国・地域にわたり、世界の温室効果ガス排出量の約86％をカバーするもの**になっています（2017年８月時点）。世界共通の長期目標として、世界の平均気温を産業革命以前に比べて＋２℃より低く保ち、＋1.5℃に抑えることと、21世紀後半には温室効果ガス排出量と吸収量の両立が掲げられました。

パリ協定の画期的な点は、途上国も含むすべての国が対象であることと、各国の事情に合わせた目標を設定させることです。そのために３つのルールを設けました。１つ目は、達成義務を設けず努力目標にしたこと。進捗状況を定期的に提供し、専門家によるレビューを受けることが定められています。２つ目は、途上国にも資金を提供すること。３つ目は2023年から５年ごとに実施状況を確認し目標を更新することです。国際的な枠組みは会議のたびに目まぐるしく変わるので、最新のニュースを基に世界の動向をフォローする必要があるのです。

気候変動問題に関する国際的な枠組み

◎３つのポイント

平均
気温上昇

産業革命以前と
比較して、
目標 **2℃** 以内！

努力目標 **1.5℃** 以内！

どのあたりが
京都議定書の後継？

京都議定書は
2020年までの目標

パリ協定は
2020年以降の目標

どれくらい厳しいの？

締結国すべてに５年に１度
「削減目標の
提出と更新」
を求めている

◎日本の取り組み

日本では「パリ協定に基づく成長戦略としての長期戦略」が2021年10月に閣議決定。この戦略のなかでさまざまな取り組みの方向性が示されている。例えばエネルギー関連では「再エネ最優先原則」「電源の脱炭素化」「水素、アンモニア、原子力などあらゆる選択肢の追求」、運輸関連では「2035年乗用車新車の電動車100％」「電動車と社会システムの連携・融合」などが決められている。

63、超未来型都市の開発が、もう始まっている

砂漠から生まれる超未来都市

アラブ首長国連邦の首都アブダビのアラビア砂漠の中に、「マスダール・シティ」と呼ばれる開発地があります。2025年までに完成する見込みですが、すでに2000人が生活しています。広さは約6.5km^{2}です。砂漠の一角という過酷な環境に身を置きながら、空気や水、エネルギーや食糧に至るまですべてをテクノロジーによって制御しています。マスダール・シティでは、さまざまな企業が環境問題解決のための実験と実践をしています。たとえばドイツのボッシュ社は、**人工知能を使って空気の混ざり具合を最適化し、空調と換気を効率的に行う「クライメーション」を導入**しています。他にも、ソーラーパネルを建物の屋上に設置して電力を賄ったり、垂直農法を取り入れて食料を確保したり、タワーの構造を工夫することで体感気温を下げたりと、枚挙にいとまがありません。

サウジアラビアでも似た取り組みが行われています。石油依存から脱するために建設された、NEOM（ネオム）という次世代都市です。その特徴は、**都市の建設から宅配、介護などあらゆる分野をロボットや人工知能、3Dプリンターに任せる**ところにあります。NEOMは2万5000km^{2}を超える土地を持ち、ゆくゆくは国家の中の「国」を目指します。環境対策という負の問題をテクノロジーの発展という強みに変えてしまう人類の柔軟性には、舌を巻くばかりです。こうした発想はまさに資源小国の日本こそが持つべき戦略でしょう。

未来の住人たち

ここが画期的！マスダール・シティ

気温のコントロール

アブダビの気温は40℃以上だが、マスダール・シティでは建物の構造に曲線を取り入れ、日陰を作りつつそよ風が入ってくる構造を実現。それだけで平均６℃も気温を下げられるという。

交通網

ガソリン車の利用は認められていない。公共交通機関としては電気自動車のほかに、シティ内の軌道を無人で運行する輸送機関が取り入れられている。最高時速は40km に及ぶという。

水と電力供給

水はシティ内の海水淡水化プラントで生成し、空調の結露などを再利用することで貯水も行うとしている。電力供給は、太陽光発電や太陽熱発電などの再生可能エネルギーで100%まかなう予定だったが、途中で外部調達に切り替えられた。

まさしく「未来都市」というにふさわしいマスダール・シティだが、完成までの道のりは遠いと見られている。当初は2025年までの完成をアナウンスしていたものの、その後2030年に修正。総事業費も圧縮したため、心配の声も上がっている。

気候変動に負けない？世界のユニークな街

クーバーペディ（オーストラリア）

世界最大のオパールの産地。砂漠地帯で気温が50℃近いため、オパール採掘のための穴を再利用する形で人々が地下に居住している。

アーススクレイパー（メキシコ）

65階建ての高層ビルを、地上ではなく「地下」へと伸ばしていくユニークな計画「アーススクレイパー」が進行中。完成までには８年以上かかるとされている。

オーシャンスパイラル（日本）

直径500m の球体居住空間（5000人収容可能）、全長15km・直径600m のらせん状の輸送機構、海底の地球資源工場から構成される海中都市が、日本で計画されている。

64、太陽光エネルギーの可能性

技術によって導入可能になってきている、クリーンな発電方法

太陽光発電は、シリコン半導体などに光が当たると電気が発生する現象を利用し、太陽光エネルギーを電気に変換する発電方法です。屋根や壁などに設置することから用地が必要なく、設置する地域に制限がないこと、温室効果ガスを排出させないことが特徴です。東京都は2022年12月、新築住宅に太陽光パネルの設置を義務付ける条例を可決しました。都内の225万棟（19年度時点）の建物のうち、太陽光パネルが設置されているのは約９万5000棟で、全体の４％しかありません。そのため、太陽光パネルの設置は大きな可能性を秘めています。

そのほか近年、太陽電池を内蔵した窓ガラスや、フィルムのように薄いペロブスカイト太陽電池など、企業によってさまざまな次世代太陽電池が発明されています。ペロブスカイト太陽電池は曇りの日や屋内などの弱い光でも発電でき、原料の多くが国内で調達できることから低コスト・高パフォーマンスが期待されています。開発者の宮坂力桐蔭横浜大特任教授はノーベル賞候補になっています。そのほか、進学校の開成学園では、新校舎に太陽電池を挟んだ窓ガラス66枚を設置し、災害時の非常用電源として役立てようとしています。また、セブン-イレブンの１店舗では、駐車場に路面対応型太陽電池を試験的に設置。長期的なメンテナスを含む費用対効果を考えながら、今後の成り行きを見守る必要があります。

太陽光発電のイロハ

◎電力が生まれる原理

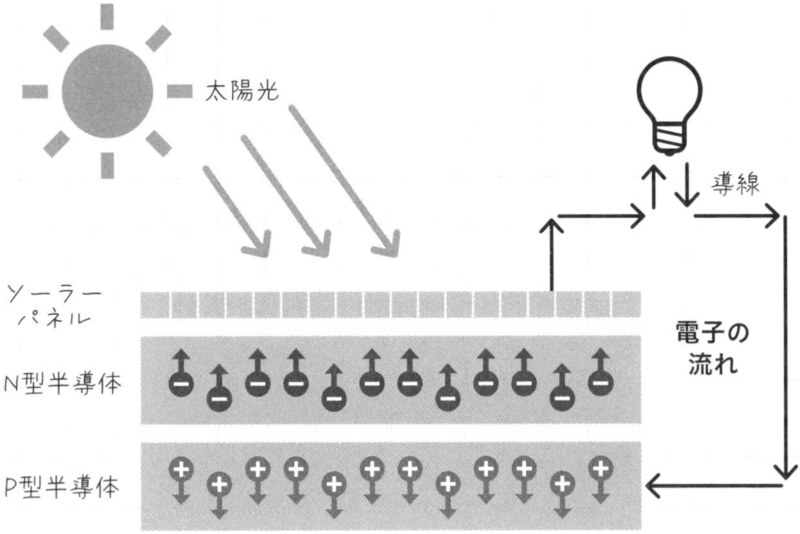

◎なぜ太陽光パネル設置の義務化が推進されたのか

現在、東京のCO_2排出量のうち約７割が建物に起因しているという。また、部門別で見ると、家庭から３割のCO_2が排出されているという試算も。そのため、脱炭素化実現にあたっては、建物と一般家庭への対策が急務であるとされた。

タイミングの問題もある。2050年になると、現在の建物の約半数が新築住宅に置き換わると予想されているため、そのころまでに良質な都市環境を作り出す必要がある。

そんな太陽光パネルのメリットは、電気料金の削減につながること。１カ月で7700円、年間で約９万2000円減ると試算されており、設置費用約100万円を自己負担しても10年間で回収できるとされている。また、余った電気は売電することができるほか、停電時にも電気が使えるという長所がある。

65、水力・風力発電の可能性

自然と共存しながら発電できる

水力発電は、ダムなどの高い所に貯めた水を低い所に落としたときの力で発電機を回転させて、電気を生み出す発電方法です。日本は水資源に恵まれており、国内で賄うことのできる有望なエネルギーです。近年、ダム以外にも農業用水や上下水道を利用する方法が確立されつつあり、普及すれば重要なエネルギー源になるでしょう。

静岡県のニコニコ水力発電所では、市街地を流れる農業用水で水力発電を行っています。平常時は作られた電気を売り、非常時は防災用電源になります。ただし**日本においてはそもそも水力発電のためのロケーション自体が少なく、そのことが普及を困難にしています**。

一方、風力発電は、風の力で風車を回し、その回転運動を電気に変換する発電方法です。**風があれば昼夜を問わず電力を生み出すことができ、大規模に発電できれば火力発電並みのコストで運用できます**。

三重県にある新青山高原風力発電所は、8万kWもの発電出力がある国内最大級の風力発電所です。公園内に立地しており、美しい自然景観と共存しながら運転しています。欧米諸国に比べると導入が遅れているものの、2000年以降導入件数は急激に増え、2016年度末で2,203基、累積設備容量は33万5335.7kWまで増加しています。

水力発電も風力発電も、自然と共存しながらクリーンな発電ができる新機軸の発電方法です。将来的には発電方法のメインとなる可能性が高いのです。

水力・風力発電のイロハ

◎水力で電力が生まれる原理

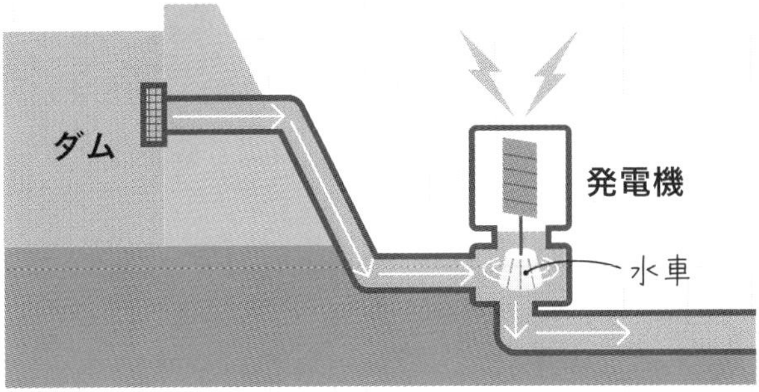

ダム式発電所における水力発電では、高い所から低い所に落ちる水の流れを利用して水車を回すことで発電している。不純物が入り込まないようスクリーンが書けられている取り入れ口から水が入り、それがパイプ経由で水車まで運ばれていく。高速かつ高圧の水の流れは水車を勢いよく回転させて発電させる仕組みだ。

◎風力で電力が生まれる原理

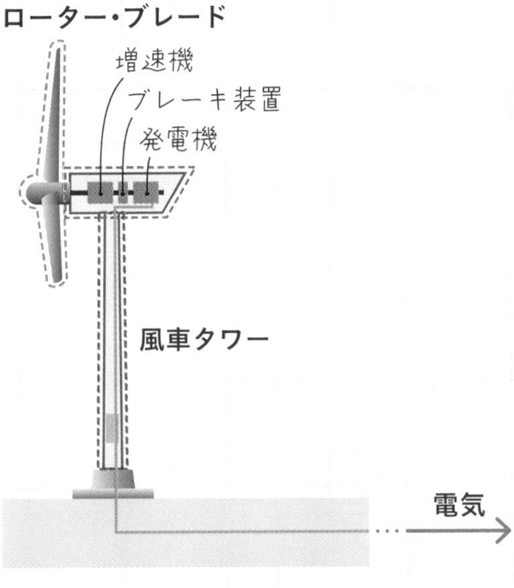

風力発電は、風の力で風車を回し、その回転運動を発電機に伝える仕組みだ。風の強さや向きによって、羽根の角度や風車の向きを自動的に調整するため、効率的な発電が可能。また、気象が荒れて風速が大きすぎるケースでは、やはり自動で回転を停止させ、安全面も確保されている。風力発電機には形状やプロペラにいくつかの種類がある。

66.

賢い買い物の秘訣は、パッケージにあり

買い物における身近な環境活動

環境に配慮した商品を買うために参照したいのが「環境認証マーク」です。環境認証マークとは、商品やサービスが環境負荷の低減に貢献するものであることを示すマークです。商品の種類やどのように環境に貢献しているかによってさまざまなマークがあります。

代表的なものはエコマークです。両手でエコ（eco）の「e」の字を示しているマークを見かけたことが一度はあるのではないでしょうか。エコマークは生産から廃棄にわたるライフステージのサイクル全体を通して、省資源や地球温暖化の防止など４つの環境評価項目をクリアした商品につけられます。対象は幅広く、商品のカテゴリーごとの基準が設定されています。他にも、農産物や畜産物につけられる「有機JAS認証」や、ツナ缶などの水産加工品につけられる「マリン・エコラベル・ジャパン認証」、エアコンなどの家電につけられる「省エネラベル」などさまざまなものがあります。

これらのラベルがついたものを積極的に買い、**ひとりひとりが環境のために行動を選ぶことを「クール・チョイス（賢い選択）」と呼びます**。一方で右ページを参照すればわかるように、エコマークを取得するには事業者にとって手間です。基準項目をすべて検証したうえで、認証を受けるまでの手順をきちんと踏み、それだけの費用をかけるかどうか、という話でもあります。それだけに、事業者側のメリットになるよう、意識的にこれらの商品を買っていきたいものです。

４つのマーク

◎エコマーク

商品を作る過程である「資源採取」「製造」「流通」「使用消費」「リサイクル」「廃棄」などにおいて、主に４つの環境評価項目を設け、公平な審査のもとで付与される。

◎有機JAS認証

農薬や化学肥料などの化学物質に頼らない食品であることを表す認証マーク。あくまで自然界の力で生産された食品に付与され、農産物、加工食品、飼料、畜産物および藻類が対象となる。

◎マリン・エコラベル・ジャパン認証

水産資源を取りすぎない、海を汚染しない、といったいくつかの基準をクリアした水産物に付与される。FAO（国際連合食糧農業機関）が採択した水産エコラベルのガイドラインに沿っている。

◎省エネラベル

市場における家電製品の省エネ性を41段階で評価し、さらに機器区分ごとに定められた省エネ基準の達成度がチェックされる。さらに、当該商品を１年間使用するとどれくらい電気料金がかかるかも評価され、付与される。

◎SDGs認定を公的に行っている市町村も

SDGs認定を公的に行っている市町村もある。
埼玉県さいたま市では、大々的にSDGs企業認証制度を打ち出している。「SDGsの理念を尊重し、経済・社会・環境の３つの分野を意識した経営活動を推進する市内企業を、本市が認証し、継続的に支援する」というもの。その深化を目的とした「さいたま市SDGsコミュニティ」も開催している。
愛知県も、積極的にSDGsに取り組んでいる。SDGs達成に取り組む企業・団体などを登録し、その過程を「見える化」している点が特徴だ。認定の登録要件を、比較的容易にすることでハードルを下げ、より広くSDGsを知ってもらおうという工夫もしている。

67、江戸時代に学ぶ

鎖国が生み出した、究極のエコ社会

江戸時代の日本は鎖国をしており、資源を外国から輸入することがありませんでした。つまり全資源を国内で賄っていくため、工夫を凝らす必要があったのです。たとえば着物は細長い布を直線的に切って作るため、無駄な布がほとんど出ません。ボロボロになるまで着たら寝間着やおむつ、雑巾などとして使いまわします。それがボロ布になったら次はかまどや風呂釜の燃料として使い、出た灰は「灰買い」と呼ばれる回収業者に売っていました。灰も肥料や陶器の上薬《うわぐすり》のための貴重な資源だったのです。「灰買い」のように、紙を専門とする「紙くず買い」や傘をリサイクルする「古傘骨買い」、そして排泄物までも回収する「肥汲み」など、約1000軒におよぶ専門業者が資源を回収し再利用していました。

これらの取り組みは、現代の循環型社会の推進におけるコンポスト（生ごみを使って堆肥を作る容器）の使用に似ているところもありますが、個人レベルでも使えなくなったバスタオルを雑巾にしてみるなど、参考にできるところはありそうです。

こうした生活の背景で育ったのが「粋」という概念です。江戸っ子たちは「宵越しの銭《ぜに》は持たぬ」といった言葉に代表されるように、お金を貯めないことが潔くてカッコイイという価値観を持っていました。ぜひ身の回りで「粋」に使いまわせるものを探してみるのはどうでしょうか。**実はSDGs（持続可能な開発目標）にも必要な発想**です。

江戸の人々の知恵は、現代にも通じている

暑さ対策

打ち水

夏場は道に「打ち水」することで温度を下げていた。シミュレーションの結果、都内の散水可能な面積に散水すれば、気化冷却によって気温が約２℃下がるとわかった。

リサイクル

着物の利用

着物は最初に大きく仕立てて肩や腰の裾などを縫い上げておく。そうすることで、大きくなったらその部分を解けば長く使うことができる。それでも使えなくなったら灰にして肥料にする。それ以外にも、酒造における麹菌の増殖、陶器の上薬にまでも使われ、余りが出ないように完全にリサイクルされた。

下水

海や川にはあまり流さなかった

糞尿は貴重な資源だった。江戸時代の長屋には共同のトイレがあり、ここに排泄される糞は大家の収入源となっていた。糞尿を専門に扱う仲買人もいたという。ただしこのように効率よく循環されることが、下水処理施設の発展を遅らせたと見る向きもある。

「粋」という生き方

日本独自の概念

「粋」にあたる外国語はない。『「いき」の構造』を著した九鬼周造によれば、次のように定義される。「運命によって“諦め”を得た“媚態”が“意気地”の自由に生きるのが“いき”である」。多くを求めず、あるものを使いまわす江戸のエコシステムは、このような美意識と結びついていたのだ。

68. エコバッグは無意味？

２万回使わないと環境に影響を与えられない!?

2020年７月から、経済産業省の発案でレジ袋が有料化されました。それを受け、レジ袋の代わりにエコバッグを持って買い物に行く人が増え、環境問題の当事者意識が芽生えたかと思います。しかし、本当にエコバッグは「エコ」なのでしょうか？　レジ袋は海洋プラスチックごみのひとつです。実は、海洋プラスチックごみの多くを占めるのは漁網やロープなどの海域由来のものと飲料用のボトルで、レジ袋は全体のわずか0.3%だとされているのです。

エコバッグは一定回数以上使って初めて環境負荷を減らすことができます。デンマークのある機関の調査によると、**ポリエステルバッグは35回、紙袋は43回、オーガニックコットンのバッグに至っては２万回使わないと元が取れない**のです。ポリエチレン製のレジ袋（ポリ袋）を製造しているメーカー各社は、ポリ袋の使用がむしろエコであるとアピールしています。ポリエチレンは石油を精製する際に必然的にできるものであるため、資源の無駄にはならないという論拠です。

エコバッグ最大の問題は、それを買うことによって「環境問題への免罪符」が私たちの心に生まれてしまうことです。満足感を得るだけで環境にはプラスにならないということがありえます。よって満足感にだまされず、私たちは今持っているエコバッグをボロボロになるまで使う必要があります。地球科学の「長尺の目」は、こうした部分にも発揮して判断する必要があるのです。

エコバッグが脚光を浴びるまで

大量の海洋ごみが国際世論を動かした

ダボス会議(2016年1月)では、2050年までに海洋中に存在するプラスチックの量が魚の量を超過するとの試算が報告された

↓

各国が足並みを揃えるべき取り組みであるという共通認識のもと、国際枠組における議論が加速していく

↓

レジ袋は消費量も莫大であり、軽いので飛散しやすいという特性を持つことから、削減が急務とされた。
有料化にした結果、76.5%の顧客がレジ袋を辞退したという調査も

出典：経済産業省「レジ袋有料化に係る背景について」
(https://www.m eti.go.jp/shingikai/sankoshin/sangyo_gijutsu/haikibutsu_recycle/reji_yuryo_wg/pdf/001_s04_00.pdf)

日本のプラスチックごみについての目標

① 2030年までにワンウェイプラスチックを累積25%排出抑制
② 2025年までにリユース・リサイクル可能なデザインに
③ 2030年までに容器包装の6割をリユース・リサイクル
④ 2035年までに使用済みプラスチックを100%リユース・リサイクルなどにより、有効利用
⑤ 2030年までに再生利用を倍増
⑥ 2030年までにバイオマスプラスチックを約200万トン導入

69、昆虫食論争を整理する

メリットはあるが、根強い抵抗感も

ここ数年、次世代の食材として注目を集めているのがコオロギです。起点は2013年。国際連合食糧農業機関（FAO）が食用昆虫類の将来について報告書を出したことがきっかけでした。FAO は、水や食料の消費が少なく持続可能である先住民の昆虫食について評価しており、昆虫の養殖や採集が小規模農家を助けるという利点を強調しました。SDGs が広まるにしたがって、この報告書に注目した企業がビジネスとして昆虫食を広めようとし、「未来の食糧問題を解決するのは昆虫食だ」というメッセージのみを打ち出してコオロギを使った食品を販売し始めました。そのため世論と摩擦が起こり、賛否両論が渦巻く問題になっていったのです。

コオロギ食に反対する人たちは、コオロギの「気持ち悪さ」や、甲殻類アレルギーの可能性などを危惧しています。また、国内で相次ぐ牛乳の廃棄などを取り上げ、もっとなじみのある食材が無駄になっている状況のほうを改善すべきとの声も上がっています。

一方で、賛成する人たちはコオロギの育てやすさや、雑食であることを利用しある程度味のコントロールができることを理由として挙げています。いずれにせよ、現在のペースで人口が増え続ければ食糧難が懸念されるのは事実です。人口動態を見ると、2050年までに人口は97億人に達します。すでに昆虫食をメジャーな文化として取り入れている国を参照してもいいかもしれません。

いくつかの観点

◎賛成派の意見

環境にやさしい。1キロのタンパク質を得るために必要な餌の量が、おおむね1/10程度で済む。その上、育てる期間も圧倒的に短く、とにかくコストパフォーマンスがいい。

栄養価が高い。生のコオロギのタンパク質は肉とほぼ変わらない。脂肪酸も多い。加工もしやすいので、ほかの食品に混ぜれば外見の不気味さに起因する抵抗感もなくなる。

◎反対派の意見

アレルギーを含む安全性や衛生面が保証されていない。フードロス問題や食料自給率の改善など、もっと本質的な解決策を講じるべきなのではないか。なぜ急にコオロギなのか、その必然性がない。

タンパク質を摂取する方法は、大豆をはじめとして、コオロギ以外にもたくさんある。また、「プリン体が多い」とする意見もあり、手放しで体にいい食品であるとはいえない。

◎文化としての昆虫食

あまりに唐突にメディアで取り上げられたため、「炎上」に似た騒動も引き起こした食用コオロギ。だが、昆虫そのものは世界的にメジャーな食材であり、約20億人の人々が1900種以上を食用としている。中でも有名なのはタイだ。屋台やスーパーでごく普通に売られているうえ、最もよく食べられているのが、くだんのコオロギである。「揚げコオロギ」の専門店まであるというから、いかにタイの人々の生活に根付いているかがよくわかる。

しかし日本とて、蜂の子の佃煮など、古くから昆虫を食べることに親しんできた民族だ。現在のやや強引な方法でなく、文化として自然に根付かせていく方法に時間をかけてもいいかもしれない。

70、節電の誤解

「エアコン設定温度を28℃にする」はまちがい

節電は大事ですが、実は誤解されているところも多いのです。例えば冷房。**政府の節電要請で定められた“28℃”に従ってエアコンの設定温度を28℃にするのは誤り**です。28℃は「室温」のことです。温度計を使って正しく部屋を冷やすことが大事です。また、最近は「暑い日は冷房をつけっぱなしにした方が節電になる」と話題ですが、これも誤解があります。外気温が35℃に満たない場合は室内温度と外気温の差が少ないため、かえってこまめに消した方が節電になります。

そもそも、家庭で一番電気を使っているのはエアコンだというのも誤りです。1年で平均すればほとんどの地域で給湯や照明、家電の方が消費電力は多いのです。家電といえば、「冷蔵庫・冷凍庫の中は空間を開けた方がいい」というのも誤解です。たしかに冷蔵庫はスカスカな方が冷気が回りますが、冷凍庫はむしろギュウギュウに詰めた方がモノ同士が保冷剤の役割をして冷えたままでいられます。また、無理をして小さい冷蔵庫を使おうとせず、大きい冷蔵庫にした方が性能のよい冷却ファンが入っているため節電になります。

家電の主電源をこまめに切るのは昔の節電方法で、今の家電では待機電力を必要としないものも多く、テレビの場合は月10～20円程度しか節約できません。家電の進歩によって節電方法も日々変わります。電力の問題も一番上流側の発電から最も下流の個人消費まで連続して捉えていく必要があります。

節電とエアコン

そもそもなぜ28℃？

2005年４月、先進国に温室効果ガスの排出削減を義務付けた「京都議定書」の目標を達成するための試みがスタートした。それが、「チーム・マイナス６％」だ。６つの具体的な行動を国民に求める運動で、その１つが「冷房は28℃に」という呼びかけだった。この数値の根拠は、単に「現状の気温設定では低すぎるのではないか」との思い。にもかかわらず、「設定28℃」の表現が独り歩きしてしまった。それを軌道修正すべく、環境省は「室温28℃」と呼びかけ続けている。

なぜ室温28℃なのかというと、「建築物における衛生的環境の確保に関する法律」（ビル管理法）と「労働安全衛生法」の規則にその根拠がある。これらが定める室温の範囲が17～28度で、その上限が目標値に採用されたというわけだ。

エアコンは「つけっぱなしが得」は本当か

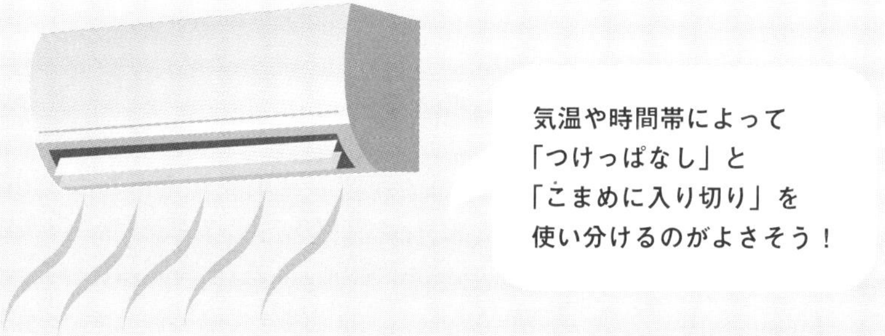

しばしば、「エアコンはつけっぱなしのほうが得」と言われる。しかし、それは本当だろうか？　ダイキン工業が2016年に行った、こんな実験がある。夏場に９:00～23:00までつけっぱなしにしたエアコンと、30分間隔で電源のオンオフを繰り返し操作したエアコンの消費電力量を比較した、というものだ。それによると、日中９:00～18:00の時間帯は、30分間隔でエアコンを切るより、つけっぱなしのほうが消費電力量は少ないという。一方で18:00～23:00は、こまめに切った方が電気代が安いという結果が出た。時間帯によって使い分けるのがベター、といえそうだ。

出典：DAIKIN「空気のお悩み調査隊がゆく」mission 5－1「"つけっぱなしがお得"という説は本当なのかを検証せよ！」
(https://www.daikin.co.jp/air/life/issue/mission05)

71、節水の正解

ポイントは「風呂」と「トイレ」

節電と同じように、節水も誤解されているところがあります。家庭で１人が１日に使う水の量は平均224ℓほどです。**内訳の１位は「風呂」で、全体の40％**を占めます。**トイレは２位で22％になり、炊事、洗濯と続きます**。つまり、**風呂とトイレでの水の消費をいかに抑えるかが節水の正解に近づく鍵**となります。浴槽のお湯は200ℓと、かなりの量です。２日に１回お湯を替えているところを３日に１回にするだけで月1000ℓの節水ができる計算です。また、数千円で購入できる節水用シャワーヘッドに交換すると、それだけで水の使用量を抑えることができます。人はシャンプーを流すためでなく習慣で頭に一定時間シャワーを流していたいという場合が多いため、有効な手段と言えます。トイレは小と大で流す水を使い分けられるタイプのものなら、ぜひ意識してください。また、1000円ほどで購入できる「ウォーターセーバー」「節水リング」をタンクの中に入れると、水量が抑えられます。大手メーカーのTOTOの販売しているモデルの中には、従来に比較して使用水量を1/3程度にまで抑えたものもあります。

より節水に投資したいのであれば食洗機の導入もよいでしょう。メーカーの試算によれば、食洗機を使うのと手で食器を洗うのとでは、１回あたり50ℓもの差が出るとしています。地球上の水は生命を育むだけでなく、環境を安定にする役目があります。こうした水の重要性を、身近な生活からも考えていただきたいと思います。

節水の現在

生活用水は減少傾向にある

生活用水とは、家庭で使用される「家庭用水」と、オフィスや飲食店などで使用される「都市活動用水」の両方を含んだ総称のこと。1人が1日に使用している生活用水の水量は、1965年から2000年にかけて約2倍に増加した。その背景には、水洗便所の普及といった生活様式の変化がある。ただし、生活用水の使用量は1998年前後をピークに、現在に至るまで緩やかに減少している。

出典：国土交通省「水資源の利用状況」(https://www.mlit.go.jp/mizukokudo/mizsei/mizukokudo_mizsei_tk2_000014.html)

シャワーヘッドでなぜ節水？

シャワーヘッドの穴が小さいものは、より少ない量の水でも強い水流を出せるため、節水につながる。また多くの場合、取り換えるのに工具を必要としないため、作業上のハードルも低い。商品の中には、細かい泡を含んだ水が出るものもあり、これにより節水と美容を両立できるとしている。

風呂の節水はこれだけ経済的

追い焚きしない

風呂を2時間放置し、4.5℃低下した湯(200ℓ)を1日1回追い焚きする場合としない場合で、年間約6190円の違いが出る。家族などと同居している場合、入浴は間隔を空けないようにしよう。

シャワーはこまめに

45℃の湯を流す時間を1分間短縮するだけで、年間でガス12.78m^3（約2070円）＋水道4.38m^3（約1140円）＝3210円の節約になる。シャワーは流しっぱなしでなく、こまめに切るようにしよう。

1分間のシャワー

シャワーを1分間使うだけで、12ℓのお湯を使うことになる。もし家族4人が4分ずつシャワーを使ったら、それだけで浴槽1杯分に相当するから、あなどれない。

出典：資源エネルギー庁「無理のない省エネ節約」
(https://www.enecho.meti.go.jp/category/saving_and_new/saving/general/howto/bathtoilet/index.html)

72、

私たち個人ができること

資源を守ること、より良く生きること

杉やヒノキが成木になるまでは約50年。年２％の成長率です。経済成長率がこれを上回ったとき、自然環境は保持されなくなっていく計算です。直近10年の世界経済成長率は約３％。これでは環境を持続することができません。私たちにできることはおおよそ３つあります。

１つ目は、節約です。モノを長持ちさせ、使っていない部屋の電気は消し、食べ残しをなくす。それだけで資源の消費量を減らせるのです。

２つ目は、経済成長に関わらないギブ・アンド・テイクの活動をすることです。田舎では取れた作物のお裾分けや草むしりのお手伝いが自然に行われています。

３つ目は、社会活動への参加です。全体の3.5％の人が本気で立ち上がったときに社会は大きく変わると言われています。自分が所属している企業で環境対策への声掛けを行っていったり、環境に関するボランティアに参加するのもいいでしょう。地方自治体の議員を目指す、などの大きな目標を立てるのもひとつの手だと思います。

人間の脳は抽象的な思考が苦手です。エネルギー問題は目に見えづらいぶん、抽象的な事象だといえます。しかし、そこに向き合うことによって抽象的な考え方をする能力が鍛えられ、ひいては「幸せとは何か」というようなもっと難しい問題とも付き合えるようになるでしょう。**資源の問題は、人類がいかにして効率よく共存するかという古代ギリシャ時代以来の大きな課題**でもあります。

私たちは世界を変えられるのか

世界を変える?「3.5%ルール」とは

「3.5%ルール」は、ハーバード大学の政治学者であるエリカ・チェノウェスが提唱した。運動の絶頂期に全人口の3.5パーセントが積極的に参加していれば、革命運動が成功するのではないか、とする仮説だ。チェノウェスによれば、歴史上の社会運動には以下の興味深い特徴が見られるという。

非暴力の抗議運動が成功する確率は、武力紛争の成功率の2倍

鎮圧されたものであっても、人口の3.5%以上が関与する抗議行動は必ず何らかの変化をもたらす

6つのカギ

①政策提言とサービスの提供

政府のリソースを利用したり、法律を変えるよう働きかける

②市場の力を利用

民間企業等と提携することによって互恵関係を築く

③草の根的な活動

当事者としての感覚に訴えかけるキャンペーンで、アクティビズムを強化する

④ネットワークを育てる

強化したアクティビズムをもとにネットワークを拡大していく

⑤環境適応力

相対する主張をただちに敵とみなすのではなく、共通のビジョンを模索する

⑥権限の分担

「リーダー主導」と「リーダー不在」の中間を目指す

出典:『世界を変える偉大なNPOの条件』レスリー・R・クラッチフィールド/ヘザー・マクラウド・グラント「成功する社会運動に共通する6つのアクションとは?―「世界を変える偉大なNPOの条件」の著者と学ぶ社会の変え方(1)」https://drive.media/posts/32511

おわりに

「資源の目」で世界を見たとき、理解できること

本書を終えるにあたり、資源に関して地球科学から得られるメッセージについて述べておきます。キーフレーズは「ストックからフローへ」です。2011年３月に未曽有《みぞう》の被害をもたらした東日本大震災は、我が国にとって自然災害の大きな試練となりました。ここには地球科学上の大きな課題が隠れています。

地球科学の視座では、これほどの巨大災害が起きたのは人類が物質を溜《た》め込むようになったことに原因が求められます。経済学用語のストックを援用して「ストック型社会」と呼ぶのですが、そうした社会では溜め込んだものが大きいほど、自然災害によって失うものもそれだけ大きくなるのです。

人類がストック型社会を始めたのは、わずか１万年ほど前からです。それ以前は、日本でいえば縄文時代の狩猟採取をしていた時期で、「フロー社会型」の中にありました。

ところが、約１万年前に人類が農業と牧畜を「発明」してから毎年作物が穫れるようになり、余った農産物を貯めておけるようになったのです（P.168図１の「農業革命」）。ここから富の集積が始まり、さらに富を独占する権力者が出現し、やがて国家が誕生しました。

その行き着く先が18世紀から19世紀にかけて起きた産業革命であり、石炭を燃やすことで得られる大きなエネルギーを使い始めたのです（P.168図１の「産業革命」）。その後20世紀になると石炭よりも利用しやすい石油を使うようになり、モータリゼーションの社会が到来しました。

石炭や石油などの化石燃料は、いずれも地球上の生物が数千万年という長い時間をかけて「ストック」してきたエネルギー資源です。さらに20世紀の後半には原子核の壊変エネルギーを利用した原子力発電が世界中で広まりました。

ここで使用燃料がどのくらいの時間で出来上がったかを振り返ると、石油は１千万年、ウランは１億年ほどかけて形成されたものです(鎌田浩毅著『地球の歴史』中公新書)。すなわち、地球が途方もない時間をかけて作った資源を、人類はここ200年ほどで燃やし尽くそうとしているのです。

さらに、産業革命以後の人間は、きわめて速い速度で地球環境を変えつつあります。人類が獲得した技術がさらに高速で進歩を続けることが、その原動力になっています。そして次の新技術が生まれるまでの時間が、20世紀から21世紀にかけてケタ違いに速くなってきました（P.169図２）。

こうした状況の中で我々が「３・11」から学ぶべき教訓は、人類が１万年ものあいだ継続してきた「ストック型社会」をその昔の「フロー型社会」に変える時期が来たのではないか、ということです。たとえば、近世までフロー型社会を実現していた日本の江戸時代は、鎖国のため低エネルギー消費の自給自足で暮らしていました。

衣食住の材料はすべて国内で生産されたもので、堆肥によって資源を循環させてきました。低エネルギーにもかかわらず、250年以上もの長期にわたりオリジナルな文化を創り上げたことは注目に値します。

同様に現在でも社会全体で節電に努めれば、使用電力を大幅に減らすことは不可能ではありません。大量消費が当たり前となった現代人は、明らかにエネルギーを使いすぎており、江戸時代のライフスタイルから学ぶべき点は数多くあるのです。

地球のストックを大量消費する「ストック型文明」から「フロー型文明」へ転換するには、自然エネルギー資源の活用も考えられます。地熱・太陽・風力など可能な範囲でフローによるエネルギー開発を積極的に行い、それでも電気が足りなければ全体の消費量を減らす政策を断行する必要もあるでしょう。

現代人が江戸時代の生活に戻ることはもはや不可能ですが、少しでもこの方向へシフトすることを本気で考えなければなりません。自然の作った膨大なストックを消費するシステムから脱却し、効率よく小さく使うシステムを一日でも早く確立することが我が国の喫緊の課題なのです。

私は「長尺《ちょうじゃく》の目」と呼んでいますが、100年や1000年の長い目で見ることが、生き方や文化を変えることにつながります。たとえば、南海トラフ巨大地震は2035年±５年に発生すると予測されていますが、東海地震・東南海地震・南海地震の三連動が確実に起きます（鎌田浩毅著『知っておきたい地球科学』岩波新書）。

この三連動は約300年に１回の頻度で起きてきたものであり、100年スケールの「長尺の目」によって初めて理解できます。一方、2011年に東日本大震災を起こしたマグニチュード9.0の巨大地震は、平安時代の869年に発生した貞観《じょうがん》地震の再来で1000年スケールの「長尺の目」で考えなければなりません。

このように日常生活では考えもしない時間軸で活動する日本列島に、我々は住んでいるのです。地震や噴火と同じく資源についても地球科学的スケールで見ると、状況が的確につかめます。

もともと自然と人間は対立するものではありません。自然を上手に使って生活を成り立たせてきたのが人類の歴史です。 日本列島で頻発する地震や噴火や気象災害についても自然の猛威をただ受け身になって恐れるのではなく、自然への「畏敬《いけい》の念」を持ちつつ、地球環境の目まぐるしい変化に上手に適応する知恵を絞らなければなりません（鎌田浩毅著『揺れる大地を賢く生きる』角川新書）。

「長尺の目」と地球科学の知識を活用し、1000年の時間単位で起きる地球イベントをうろたえることなく上手にかわそう、というのが地球科学の研究に45年たずさわった私からのメッセージです。

結果としてストック型文明から首尾良く脱出し、フロー型文明へ軟着陸することを、資源の乏しい我が国の新しい目標としたいと思います。本書から地球科学の事実と基本的な考え方を身に付け、自然と共存する知恵を生み出していただければ幸いです。

最後に、本書の刊行に際して大変お世話になりました出口翔さん、ライターの土居雅美さん、デザイナーの渡邊民人さん、谷関笑子さん、森岡菜々さん、イラストレーターのながたかずさん、校正の松田昌子さん、皆さまに厚く感謝の意を述べたいと思います。これまで本当にありがとうございました。

2023年6月
京都大学の地球科学研究室で効果的なSDGsを考えながら
鎌田 浩毅

図 1

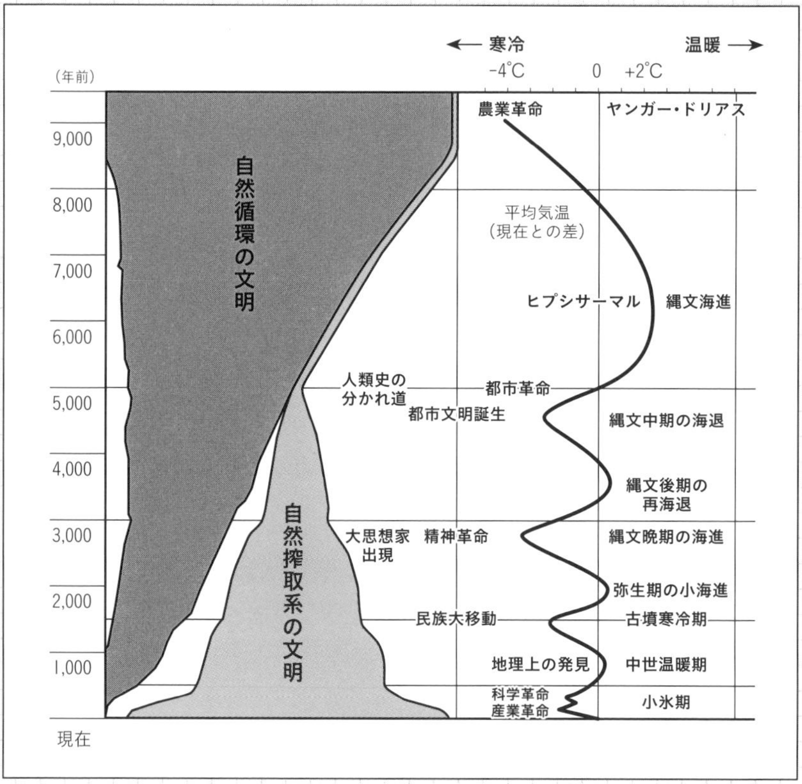

図 1　1万年前以降の気候変化と文明の盛衰。安田喜憲氏による。

図2

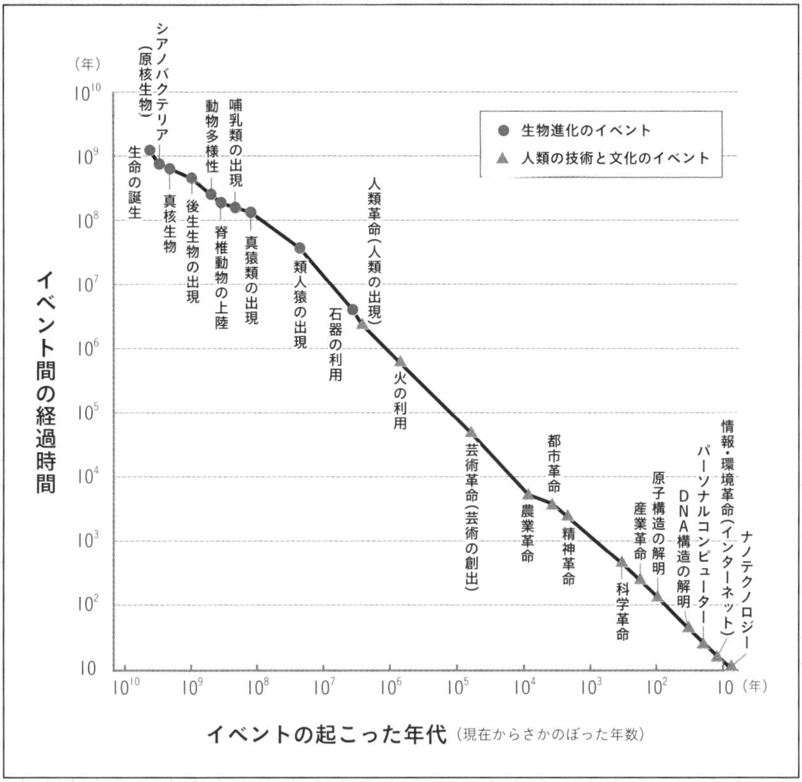

図2　生物の進化と技術の進歩が要する経過時間。
●は生物進化のイベント、▲は人類の技術と文化のイベント。
鎌田浩毅著『資源がわかればエネルギー問題が見える』PHP 新書による。

用語集

名称	内容	ページ
3.5%ルール	社会運動などにおいて、人口の3.5%が動けば、その多くは成功するという考え方。ハーバード大学のエリカ・チェノウェスが提唱している。	P.162
CNF	「Cellulose Nano Fiber」の略。セルロースの繊維をナノメートル（ミリの1000分の1）単位までほぐした素材。軽量で高強度、保湿性も高い。	P.32
DACプラント	「ダイレクト・エア・キャプチャー」の略。その名の通り、大気中のCO_2を直接取り込む機械のこと。アメリカが先陣を切って進めている。	P.129
EMS	「Energy Management System」の略。電力需要バランスを可視化し最適化すること。老朽化などのトラブルを未然に防ぐ効果も期待されている。	P.44
EPC	Engineering（設計）、Procurement（調達）、Construction（建設）の頭文字を取った言葉で、施工ミスや資材高騰のリスクを低減するための包括的な契約のこと。	P.44
ESG投資	環境や社会的責任を果たしているかどうかを重視して行われる投資のこと。ESG投資を見越しての取り組みも企業側で多く採用されている。	P.44
FIT	「固定価格買取制度」のこと。再生可能エネルギーから作られた電力を、電力会社が一定期間、一定の価格で買い取ることを保証したもの。	P.130
IPCC	「Intergovernmental Panel on Climate Change」の略で、気候変動に関する政府間パネルと訳される。各国政府の気候変動に関する政策に科学的な基礎を与える。	P.46
MEL認証	「マリン・エコラベル・ジャパン認証」のこと。水産資源の持続性と環境に配慮している漁業や養殖業を第三者が審査し認証する。	P.150
RE100	企業が事業に使う使用電力を100%再エネルギーで賄うことを目指す活動のこと。日本の環境省が公的機関として世界で初めて参画した。	P.44
SBT	「Science Based Targets」の略。「世界の平均気温上昇を、産業革命以前とくらべ2℃未満に抑える」という目標を目指して各企業が温室効果ガスの排出削減目標を定めること。	P.44
SDGs	「Sustainable Development Goals」の略で、「持続可能な開発目標」を意味する。17の国際目標の下に、169の達成基準と232の指標が定められている。	P.136
Xプライズ財団	人類の発展に寄与するためのコンペを開催している非営利組織。2021年には、イーロン・マスクがスポンサーとなり、CO_2回収の技術を競うコンペが発表された。	P.129
Z世代	おおよそ1990年代後半～2012年ごろに生まれた世代を指す。スマホネイティブにより多様な考えに触れていることから、環境問題への関心も比較的高いとイメージされている。	P.138
アボカド	濃厚な味と高い栄養素から、美容面でも注目されている果実。しかし大量の水資源を必要とするなど、環境への負担も指摘されている。	P.42
アマゾン熱帯雨林	世界最大の熱帯雨林。南アメリカ大陸アマゾン川流域に大きく広がっている。生物多様性でも知られるが、2019年の火災により約1割が失われた。	P.34
ヴィーガン	卵や乳製品を含む、動物性食品を一切摂取しない人たちのこと。環境配慮や倫理上の理由などさまざまな背景があるが、栄養学の観点から懸念が提示されることもある。	P.40
ウユニ塩湖	南米のボリビア西部にある都市ウユニに存在する塩湖。その景観の美しさと、多量のリチウムが埋蔵されている点から注目されている。	P.114
エコ・テロリズム	過激だが暴力によらない方法で環境保護を訴える思想。ゴッホの絵画にトマトスープをかけた「JSO（Just Stop Oil）」がよく知られている。	P.58

名称	内容	ページ
エコバッグ	2020年7月からのレジ袋有料化にともない注目された。ただしその効果については、環境面と経済面の両面から懐疑的な意見も存在している。	P.154
エコマーク	環境保全に役立ち、環境への負荷が少ない商品に付けられるマーク。4つの環境評価項目が設けられており、公平な審査のもとで付与される。	P.150
エネルギー革命	その名の通り、エネルギーが革命的に飛躍した局面を指す。いくつか分類があるが、薪→木炭→石炭→石油→原子力といった区分がわかりやすい。	P.64〜69
カーボンニュートラル	人為的な生産活動により排出されるCO_2と、大気中から吸収されるCO_2が等しい量、つまり全体としてはゼロとなっている状態のこと。	P.130
グアノ	ペルーのチンチャ諸島に生息する鳥・グアナイムナジロヒメウのフンから作られた高品質の肥料。これをめぐって欧米で紛争も起こった。	P.56
クール・ルーフ	「白い屋根」という言葉通り、家屋の屋根の表面温度を下げるために、反射率の高い白系統の色で塗装するなどして工夫すること。	P.134
グレタ・トゥーンベリ	スウェーデン生まれの環境保護活動家。気候変動に対し実質的な手を打とうとしない政治家に対するスピーチで一躍有名になった。	P.139
鋼鉄	鋼と同義。鉄との違いは炭素の含有量。鉄材の中に、炭素が0.04〜2.1%（重量比）含まれていると鋼と呼ばれる。	P.96
ジオエンジニアリング	「気候工学」と訳され、科学技術によって人為的に気候変動をセーブしようとすること。ただし、影響が一国だけにとどまらないことなど、実現にはまだハードルがある。	P.126〜129
シリコンバレー	アメリカ合衆国カリフォルニア州北部に存在する。Apple、Facebook、Google といった世界的企業が顔を揃える、テックの聖地。	P.122
スマートシティ	テクノロジーを活用することで、インフラや施設、マネジメントなどを最適化し、企業や居住者が便利に、かつ環境にやさしく暮らしていくことを目指す都市。	P.144
トウモロコシ	世界三大穀物のうち、最大量の生産を誇る（年間10.3億トン）。小麦（年間7.4億トン）、米（年間4.8億トン）と続く。	P.36
ニューデリー	インドの首都。急速に発展する同国の負の側面として、大気汚染が深刻化している。2022年11月には、大気汚染物質 PM2.5の濃度が基準の30倍に達したと報じられた。	P.141
パリ協定	京都議定書に代わる、2020年以降の温室効果ガス排出削減等のための新たな国際枠組み。歴史上はじめて、すべての国が参加する公平な合意として知られる。	P.142
バルセロナ	スペインの観光都市。環境問題に対して先進的な取り組みをしていることでも知られ、なかでも2020年に表明した「気候非常事態宣言」が大きな注目を集めた。	P.132
フィンランド	北欧諸国のひとつで、2022年の SDGs 達成度1位を誇る。その理由には、高福祉による官民一体化や地理的条件などが関係していると考えられている。	P.136
ブルマジーニョ尾鉱ダム決壊事故	2019年1月25日、ブラジルのミナスジェライス州ブルマジーニョで鉄鉱石を備蓄するダムが決壊した事故である。資源大手のヴァーレのずさんな管理が原因とされている。	P.16
マグマオーシャン	地球が形成される初期、地表を覆った大量のマグマのこと。消滅するまでには6億年もの月日を要したとされる。	P.14
メキシコ湾原油流出事故	2010年に起きた、世界最悪の原油流出事故。直接の原因は掘削施設爆発によって掘削パイプが折れたことによるが、ずさんな作業も指摘されている。	P.74

名称	内容	ページ
メタン ハイドレート	メタンと水が結びついて結晶化したもので、「燃える氷」とも呼ばれる。分解してメタンガスを取り出すことで、次世代エネルギーとして期待されている。	P.82, 118
リチウム	銀白色の、アルカリ金属元素。とくに電気自動車に使われる電池で大きな役割を果たすとされており、産業において重要視されている。	P.102, 114
レアアース	希土類と呼ばれる、レアメタルの一種。世界の産出量の９割以上を中国が占める。	P.100
レアメタル	希少で抽出困難な金属のうち、安定供給の確保が産業上重要である非鉄金属を指す。	P.90, 98, 102, 116, 118
レジ袋	海に流れ込んだプラスチックゴミが海洋生物の生態系に悪影響を及ぼしているとして、その一例として取り上げられた。ビニール袋が原因となって鯨が死亡した事例も報告されている。	P.154
レバノン山脈	レバノンの中央を南北に走る、全長約160kmの山脈。かつては良質なレバノン杉が多く生えていたが、行き過ぎた伐採により、今ではごくわずかしか生育していない。	P.30
ワンヘルス	生態系・動物・人間をひとつながりに捉え、各分野が連携しながら感染症などを未然に防ぐための試み。	P.52
永久凍土	複数年、凍結した状態が続いた土壌。気候変動による溶解で、未知のウイルスが放たれるのではないか、といったリスクが懸念されている。	P.52
海水	地球上の水の97.5％を占めている。そのため、これを飲料水にできれば水不足を解決できるとして、浸透圧を用いた淡水化の方法が開発されている。	P.24
海洋鉄散布	海洋生物に不足している「鉄」を散布して肥沃化をはかる手法。ただし海洋生態系への影響は未知数であるため、慎重に行う必要がある。	P.128
海洋肥沃化技術	藻や植物プランクトンなど、光合成をする生物に栄養を与えることで、CO_2を効率的に吸収する手法のこと。	P.128
二酸化炭素除去	アリゾナ州立大学で、1日1トンのCO_2を吸収する人口の木が開発。そのほかスイスでは、CO_2を石に変えて埋める技術が開発された。	P.126
京都議定書	1997年に京都市で採択された国際約束。先進国の各国がCO_2などの温室効果ガスを将来的にどのくらい削減するかが決められた。	P.142
原子力	原子核が２つ以上に分かれる核分裂や、軽い原子核が融合してより重い原子核になることを核融合が起きるときに放出されるエネルギーのこと。	P.86
江戸時代	本書では江戸時代を単なる時代区分としてではなく、現代でも見習うべきエコシステムが存在していたことを評価している（着物の徹底的な再利用など）。	P.152
昆虫食	飼育コストが低く環境への負荷も肉類より軽いことから、次世代の食糧として注目された。しかし安全性や心理的な抵抗感から、その普及については反対意見も多い。	P.156
再生可能エネルギー	石炭や石油といった有限のエネルギーではなく、太陽光や風力、地熱など、自然界に常に存在したり循環したりするエネルギーのこと。	P.130
酸化ガリウム	無機化合物の一種。新世代パワーデバイス半導体材料としての役割が期待されており、日本でも実用化に向けて研究が進められている。	P.110
焼畑農業	土地の草木を焼き払うことで、その灰を肥料とする農業。煙害などのデメリットがあるが、一部で見直されている。	P.38
省エネラベル	市場における製品の省エネ性に付与される。定められた家電などの省エネ基準（トップランナー制度）を達成しているかどうかが評価される。	P.150
森林資源	森から採れる資源。木材、燃料、製紙などに使用する。建築物はもちろん、家具や船舶、工芸品などの製造に用いる。	P.30

名称	内容	ページ
水	生命の大元ともいえる資源。地球誕生後数億年が経過し、岩石が地熱で溶かされたことから水ができたと言われているが、ほかにも諸説ある。	P.14
水紛争	主に水不足を理由に起こる紛争のこと。中東に多く発生。2000年から2019年までの20年間で676件も起きた。	P.22
水力発電	ダムを流れる水流などによって水車を回し、発電する方法。CO_2をほとんど排出しないこと、純国産エネルギーであることなどがメリット。	P.148
世界大気質報告書	スイスの空気気質企業IQAirによる報告書。これによると、2021年、大気汚染の深刻な国ワースト1位はバングラデシュ、2位チャド、3位インドだった。	P.140
成層圏エアロゾル注入	火山噴火に着想を得た技術。太陽光を反射するエアロゾル（微小な液体や粒子と周囲の気体の混合体）を成層圏に散布することで、気温上昇を未然に防ぐ。	P.126
生活排水	台所、トイレ、お風呂など、人が日常生活で使う水の総称。もっとも多いのは風呂・洗面で、日本人の場合1日あたり平均約110リットル。	P.26
石炭	古代の植物が堆積したもの。地中にあるために炭坑労働者を必要とし、かつては劣悪な労働環境が彼らを取り巻いていた。	P.84
石油	古代生物の死がいが分解されてできた、炭素と水素を含む化合物・原油を精製したもの。4割が工場や家庭などの熱源となる。	P.70
節水	生活用水のなかでもっとも多い風呂・洗面（1日あたり平均約110リットル）における工夫が効果的。シャワーを流す時間を意図的に短くするだけでも効果がある。	P.160
節電	資源の観点だけでなく、電気代の慢性的な値上げにより注目されている。たとえばエアコンでは、時間帯によって効果的なタイミングが異なるものの、電源のオンオフをしっかり切り替えることなどが挙げられる。	P.158
太陽光発電	文字通り、太陽光による発電方法。太陽電池を利用して、直接電気に変換する発電方法が存在する。その際にはシリコン半導体が用いられる。	P.146
地下水	地表面より深い層に存在する水の総称。そのうち、井戸によって汲み上げられた水が井戸水と呼ばれる。	P.18
天然ガス	生物の死骸が地中のバクテリアで分解され、何百万年という時間をかけて化学変化してできた。石油よりも環境に与える負荷が少ない。	P.78
電気自動車	EVとも呼ばれる。ガソリン車と違い、走行時に二酸化炭素や窒素酸化物を出さないことから、次世代の乗用車とされている。	P.116
都市鉱山	都市で廃棄される家電製品内にある資源を鉱山として表現したもの。近年はスマートフォンが注目されている。	P.102
土壌	作物を収穫するための土台。水はけがよく、微生物のような有機物を多く含んでいるのが「よい土壌」と言われる。土壌が痩せていてはよい作物を収穫できない。	P.54
内水氾濫	平坦な土地に振った豪雨が溜まり、より低い場所では大規模な浸水が起こったり、水路などが溢れたりすること。	P.27
反物質エネルギー	ある物質と質量・スピンが同じであるにもかかわらず、素粒子の電荷などが反対の性質を持つ反粒子でできた物質を「反物質」と呼び、それを利用したエネルギー。	P.72
風力発電	風の力でタービンを回す発電方法。日本の国土では設置場所の問題があるものの、大規模で行えば火力発電並みの発電コストが見込める。	P.148
木製ペレット	乾燥した木材を砕き、円筒形に成形した木質の燃料。ストーブやボイラーのほか、バイオマス発電所で利用される。	P.131
有機JAS認証	太陽と雲をイメージしたマークで、農薬や化学肥料などを使用しないことを基本として生産された食品に付与される。	P.150

参考文献

著者名	書名・版元	年
P.J.ボウラー	**『環境科学の歴史 I』**／朝倉書店／小川眞里子、桑原康子、財部香枝 翻訳	2002
P.J.ボウラー	**『環境科学の歴史 II』**／朝倉書店／小川眞里子、桑原康子、財部香枝 翻訳	2002
鎌田浩毅	**『知っておきたい地球科学 ――ビッグバンから大地変動まで』**／ （岩波新書）岩波書店	2022
鎌田浩毅	**『資源がわかればエネルギー問題が見える』**／（PHP新書）PHP研究所	2012
鎌田浩毅	**『揺れる大地を賢く生きる 京大地球科学教授の最終講義』**／ （角川新書）KADOKAWA	2022
鎌田浩毅	**『地球の歴史』**／（上・中・下/中公新書）中央公論新社	2019
鎌田浩毅	**『火山はすごい』**／（PHP文庫）PHP研究所	2015
鎌田浩毅	**『地学のツボ』**／（ちくまプリマー新書）筑摩書房	2009
鎌田浩毅	**『地学ノススメ』**／（ブルーバックス）講談社	2017
鎌田浩毅	**『地球とは何か』**／（サイエンス・アイ新書）SBクリエイティブ	2018
鎌田浩毅	**『やりなおし高校地学』**／（ちくま新書）筑摩書房	2018
鎌田浩毅	**『マグマの地球科学』**／（中公新書）中央公論新社	2008
鎌田浩毅	**『火山と地震の国に暮らす』**／岩波書店	2011
鎌田浩毅	**『日本列島のしくみ 見るだけノート』**／宝島社	2019
鎌田浩毅	**『本当にわかる地球科学』**／日本実業出版社	2016
鎌田浩毅	**『地震はなぜ起きる？』**／（岩波ジュニアスタートブックス）岩波書店	2021
鎌田浩毅	**『首都直下地震と南海トラフ』**／（MdN新書）エムディエヌコーポレーション	2021
鎌田浩毅	**『富士山噴火と南海トラフ』**／（ブルーバックス）講談社	2019
鎌田浩毅	**『日本の地下で何が起きているのか』**／（岩波科学ライブラリー）岩波書店	2017
鎌田浩毅	**『西日本大震災に備えよ』**／（PHP新書）PHP研究所	2015
鎌田浩毅	**『京大人気講義　生き抜くための地震学』**／（ちくま新書）筑摩書房	2013
鎌田浩毅	**『火山噴火』**／（岩波新書）岩波書店	2007
鎌田浩毅	**『地球は火山がつくった』**／（岩波ジュニア新書）岩波書店	2004
鎌田浩毅	**『もし富士山が噴火したら』**／東洋経済新報社	2011
鎌田浩毅	**『せまりくる天災とどう向きあうか』**／ミネルヴァ書房	2015
鎌田浩毅	**『世界がわかる理系の名著』**／（文春新書）文藝春秋	2009
鎌田浩毅	**『一生モノの物理学』**／祥伝社	2022
トーマス・ コスティゲン	**『地球をハックして気候危機を解決しよう　人類が生き残るための イノベーション』**／穴水由紀子 翻訳	2022
橋本淳司	**『水道民営化で水はどうなるのか』**／（岩波ブックレット）岩波書店	2019

著者名	書名・版元	年
ムロディナウ	**『この世界を知るための 人類と科学の400万年史』**／河出書房新社／水谷淳 翻訳	2016
安田喜憲	**『気候変動の文明史』**／NTT出版	2004
井田喜明	**『人類の未来と地球科学』**／岩波書店	2016
稲垣栄洋	**『世界史を大きく動かした植物』**／PHP研究所	2018
加藤尚武	**『資源クライシス』**／丸善出版	2008
鞠子正	**『環境地質学入門』**／古今書院	2002
宮原ひろ子	**『地球の変動はどこまで宇宙で解明できるか』**／化学同人	2014
古舘恒介	**『エネルギーをめぐる旅――文明の歴史と私たちの未来』**／英治出版	2021
今井功	**『地球科学の歩み』**／共立出版	1978
斎藤幸平	**『人新世の「資本論」』**／（集英社新書）集英社	2020
酒井均	**『地球と生命の起源』**／（ブルーバックス）講談社	1999
小西哲之	**『エネルギー問題の誤解いまそれをとく』**（（DOJIN選書））化学同人	2013
森永速男	**『地球の恵みに感謝！！　素晴らしい自然のシステム』**／ふくろう出版	2008
水野一晴	**『自然のしくみがわかる地理学入門』**／ベレ出版	2015
西川有司	**『地下資源の科学』**／日刊工業新聞社	2014
青木正博	**『鉱物・岩石入門』**／誠文堂新光社	2011
石井吉徳	**『エネルギーと地球環境問題』**／愛智出版	1995
石井彰	**『木材・石炭・シェールガス』**／（PHP新書）PHP研究所	2014
石川憲二	**『海底資源』**／オーム社	2012
石炭エネルギーセンター	**『石炭資源開発の基礎』**／石炭エネルギーセンター	2010
多田隆治	**『気候変動を理学する』**／みすず書房	2013
池内了	**『自然を解剖する』**／NTT出版	2008
田家康	**『異常気象が変えた人類の歴史』**／日経BP	2014
都城秋穂	**『科学革命とは何か』**／岩波書店	1998
内田悦生ほか	**『地球・環境・資源』**／共立出版	2008
日本第四紀学会編	**『地球史が語る近未来の環境』**／東京大学出版会	2007
飯笹幸吉	**『日本近海に大鉱床が眠る』**／技術評論社	2010
飯山敏道	**『地球鉱物資源入門』**／東京大学出版会	1998
野口悠紀雄	**『ストック経済を考える』**／（中公新書）中央公論新社	1991

鎌田浩毅（かまた・ひろき）

1955年、東京生まれ。京都大学名誉教授、京都大学レジリエンス実践ユニット特任教授。筑波大学附属駒場中学・高校を経て、1979年東京大学理学部地学科卒業。通産省（現・経済産業省）主任研究官、1997年より京都大学大学院人間・環境学研究科教授。2021年から現職。日本地質学会論文賞受賞。理学博士（東京大学）。専門は火山学・地球科学・科学コミュニケーション。テレビや講演会で科学を明快に解説する「科学の伝道師」。京大の講義は毎年数百人を集める人気で教養科目1位の評価。週刊エコノミストに『鎌田浩毅の役に立つ地学』を連載中。著書に『知っておきたい地球科学』（岩波新書）、『資源がわかればエネルギー問題が見える』（PHP新書）、『揺れる大地を賢く生きる』（角川新書）、『富士山噴火と南海トラフ』（ブルーバックス）、『首都直下地震と南海トラフ』（MdN新書）、『火山噴火』（岩波新書）、『地球の歴史』（中公新書）、『地学ノススメ』（ブルーバックス）、『やりなおし高校地学』（ちくま新書）、『一生モノの物理学』（祥伝社）、『世界がわかる理系の名著』（文春新書）、『理科系の読書術』（中公新書）。

世界《せかい》がわかる資源《しげん》の話《はなし》

2023年6月20日　第一刷発行

著者	鎌田《かまた》 浩毅《ひろき》
発行者	佐藤　靖
発行所	大和《だいわ》書房 東京都文京区関口1-33-4 電話:03-3203-4511

編集協力	土居 雅美
装丁	渡邊 民人(TYPEFACE)
本文デザイン・DTP・図	谷関 笑子　森岡 菜々(TYPEFACE)
イラスト	ながたかず
本文印刷	シナノ
カバー印刷	歩プロセス
製本	小泉製本

ISBN978-4-479-39406-8

https://www.daiwashobo.co.jp/